どのみちぺっこり

飯尾和樹［ずん］

PARCO出版

どのみちぺっこり

もくじ

家族・友達・恋人 編

マイスタイル編

お笑い編

ぱっくりピスタ〜チオ

ぺっこり45度

家族・友達・恋人 編

01 スケールの小さな打者

初孫だったから、
髪を切っただけで
「ハンサム」と言われるような
甘ったれた環境でした。

おふくろの実家は三代続くこんにゃく屋で、戦後はアイスクリームを作ってバカ売れしたっていう、ちょっとした歴史ある商店なんです。こんにゃく問屋のかたわら店もやっていたので、遊びに行ったときに店番をしたこともあります。

そのじいさんがちょっと江戸っ子でして、「もしも和樹が東大に入ったら、俺は一生逆立ちで過ごしてやる」って、酔っぱらうと〝ガハハ〟と笑いながら、よく言っていました。

この本を読んでもらっている皆さんのお察しの通り、自分はもちろん東大には入れず……というか、受験もしてませ……ドラえもんのコンピューターペンシルがあれば、受けてました。江戸っ子のじいさんは約束を守る律義な人だったから、その後は堂々と2本足で歩いて余生を過ごしました。

初孫だったから、髪を切っただけで「ハンサム」と言われ、ご飯をおかわりしただけで「もう一杯!? すごいな」と褒められ、道でちょこっと転んで泣かないだけで、「痛くない？ よくガマンした。強いな〜!」と金メダルをとった並みのヒーローインタビューを受けるような甘ったれた環境でした。

しかし、3〜4年後から、妹、いとこ、弟が生まれ、比べる対象ができると人は冷静になるもので、「ハンサム、すごい！」から「和樹は元気だ！」と言われるようになりました。そう、自分の売れっ子・子役時代は、4年で幕をそっと閉じたのです。世の子役たち、切り換えてガンバレ!!

こんにゃく、しらたき、ちくわぶを見ると、じいさんを思い出します。本当に「江戸っ子」という感じで、巨人、相撲、全日本プロレスが大好きでした。個人の印象ですが、昔の東京の人はほとんどが巨人好きだったんじゃないでしょうか。

自分はなんでヤクルトを好きになったのか？　思い返せば、秋の遠足の帰り、大渋滞のバスの中で1978年日本シリーズ「ヤクルトスワローズ対阪急ブレーブス」がラジオで流れ、どんどん入り込んで夢中になり、しかもファンクラブ会費が他球団に比べてすごく安かったのが、とにかく魅力的に映ったこと。ポケバイは危ない＋高いという理由で渋った両親もふたつ返事でＯＫ。

そして、若松勉(わかまつつとむ)選手が大好きだったんです。170㎝くらいでプロとしてはキングオブ小柄。自分も小さいガキだったので、親しみと憧れがありました（中学入学当時

01

スケールの小さな打者

で139・7㎝)。でも、そんな小柄な若松さんは2000本安打を達成し、名球会入りし、のちにヤクルトの監督も務めた偉大なバッターです。1978年はヤクルトがペナントレースで初優勝し、日本シリーズも制して日本一になった思い出の年です。若松選手は体が小さいけど、このシリーズでも活躍して優秀選手に選ばれました。

野球不毛の地と言われた北海道出身というのが、幼いながらに感じるところがあったんでしょう。北国の高校は冬場は雪が積もって練習できないからあまり強くない、という言い伝えが昔からありまして、たしかに夏の甲子園でも「白河の関」より北に優勝旗がいくことはありませんでした。現在でも2004、05年の南北海道代表の駒大苫小牧の例があるものの、東北勢はそのジンクスを破っていません。

そんな雪国出身で、体も小さい若松選手が大活躍して、ヤクルトが優勝した。なんて魅力的なチームだろうと思ったんです。若松さんという名字の鰻屋さんの娘さんが同級生にいたので、一度「親戚?」と聞いた気がする小4の冬。親近感が湧いたのかもしれませんが。

若松選手は偉大な選手ですけど、ちょっと大人しくて口下手で控えめな印象がありました。「俺が俺が」というタイプではないんです。自分は昔からスター選手よりはいぶし銀な選手が好きでしたから、背がちっちゃくて黙々と頑張る若松さんの姿にグッときたんでしょう。若松さんに自分の姿を重ねていたヤクルトファンは多かったんじゃないでしょうか。

野球は観るのもやるのも好きでした。一番最初にやったスポーツはもちろん野球でしたし、自分たちの世代はプロスポーツといえば野球でしたからね。

小学校が終わると仲間と声を掛け合い、カラーバットとボールを持って空き地に集合。家の前が「コの字」の小さな空き地になっていて、自分たちはそこを〝後楽園〟と呼んでホームスタジアムにしていました。こぢんまりとしてアットホームないい球場だったんです。

問題は左側の通りを挟んですぐ目の前にでっかいお屋敷があって、ここにボールを入れちゃうと試合が中断してしまうこと。さらにこっそりとボールを取りに入って、見つかると箒(ほうき)で叩かれて追い出されるんです。ボールは後日、屋敷の外にある牛乳箱の横に置いてあるんですが、回収するまで数日かかりました。

そんなわけで、打席に立っても右バッターは、思い切りバットを振れないんです。

01

スケールの小さな打者

ゴムボールで「流す（流れに逆らわずに打つ）」のはなかなか難しい。ですから、おもいっきり振らずにセンターから右へ流すバッティングをするので、近所からはこぢんまりとした打者しか生まれなかったと思います。ヤクルトのホームランバッターの山田哲人（やまだてつと）選手が自分の地元で生まれ育ったら、多分プロには行けてないでしょうね。

地方ロケに行くと感じるのは、地方は公園が広いし、河川敷があちこちにありますよね。デカい野球専用のグラウンドだってある。地方の子は思い切りスイングできていいなぁと思うわけです。やはり、〝後楽園球場〟のせいで自分のバッティングのスケールはどんどん小さくなっていったんでしょう。

小さい頃、近所にドイツ人ファミリーが住んでいて、いつもサッカーボールを持っているベン兄弟がいました。野球に誘っても、きっとヨーロッパでは野球は知られてなくて、自分たちにとってのインドのカバディみたいなもので、ＴＶか何かで観たり聞いたりした程度の知識だったのでしょう。だから、参戦してもすぐにサッカーをやりたがる……。

日本語もほとんどしゃべれず、こちらもドイツ語は「フランクフルト」のみ。そんなわけで、「ベン」という彼の名前でこちらの言いたいことを表現していました。ベンがいじけると「まぁまぁ」というニュアンスを込めて「ベンベ～ン」って語りかけたり、「ナイスプレー」を「べ～～～ン！」と変換したり、「ベン、せんべい食べる?」を「ベン、パリポリ?　ベン」……って、あ、〝パリポリ〟付いちゃった。とにかくこれで、結構通じ合っていた気がします。

今思えば、ガキのほうが何とかするもんですね。そして、ベンはサラダ味のせんべいが好きでした。「ベン、元気かなぁ?」……変換すると、「ベン、べ～ン?」かな。

02

小学生の頃の記憶

親父が食べていた
「ピスタチオ」。
その言葉の響きが
なんだかおかしくて。

小さい頃は、放課後になると外を飛び回って遊んでいました。暗くなるまでずっと遊んでいたので、一日があっという間に終わっていくような気がしてたと思います。そのくせ、苦手な授業は「スーパースローかよ!!」ってくらい、教室の時計の長針が動かなかった感じを覚えています。

当時は、小学生の男子は冬でも半ズボンで過ごすのが男子の象徴（オス鹿の角みたいな……ちがうか!!）でしたから、季節の移り変わりも、顔、半ズボンから出た太ももなどで敏感に感じていました。

「春」は過ごしやすくて、息をするだけで気持ちがいいですよね。みんなが浮かれていますし、自分も街を歩いているだけでニヤニヤしちゃう。暑がりなので大人になってからはそれほどではありませんが、小さい頃は「夏」が来るとワクワクしました。「秋」は「春」にも増して過ごしやすい。暑がりとしては10点満点で9・5点を差し上げましょう。そして、「冬」には正月があります。日本全体が「休むぞ！」という気持ちにあふれているのがいいですね。朝起きて、おせちを食べてお年玉をもらって、正月特番でお笑いを観て、そのままコタツで寝て。起きたらノドがカラカラで、水分たっぷりの伊達巻を食べるのが好きでした。正月は最高じゃないですか。

02

小学生の頃の記憶

そうそう、おせちを食べたら、カレンダーを見て、今年の休みをチェックするのが一年の最初の大事な行事でした。何をするかというと、月曜の祝日を必死で探すんです。月曜日が休みだと、お得感満点（個人差あり）で嬉しいじゃないですか。だから、一年に何日の「月曜休み」があるかをチェックするんです。

当時、水曜日と土曜日は午前だけ授業がある、いわゆる「半ドン」でしたから、特に土曜日は学校から帰ってきたその瞬間から、日曜に向けて天国のような時間が始まります。あの頃、週末を指折り数えて待ちわびていたのを覚えています。

午前で授業を終えて家に帰ると、母親が昼食を作ってくれていて、煮込みうどん、ナポリタン、焼きそば……、簡単な麺類が多かったのは、母親がママさんバレーに早く行きたかったからでしょう。いつもブルマをはいて台所に立っていました。

そして、午後をだらだらと過ごして、たけしさん、さんまさん、紳助さん、のりおよしおさん、鶴太郎さん、ザ・ボンチさん、コント赤信号さん、ヒップアップさん、山田邦子さんなどなど、お笑いスターが揃う『オレたちひょうきん族』（もちろん、ザッピングで『8時だョ!全員集合』でドリフターズさんも）が終わったときに気がつくんです。「あれ、土曜が終わっちゃうなぁ。つまんねえなぁ。ん？　でも、明日は日曜か！」という喜びの瞬間。だから、エンディングテーマのＥＰＯさん、ユーミンさん、山下達郎さんの曲は日曜へのファンファーレでした。

そして、必ずやってくる日曜の終わりのさみしさ。『笑点』のテーマ曲を聞くと「はぁ」って少量の二酸化炭素……そう、ため息が出て、「ちゃんら～ん」って聞くと「日曜が終わっちゃったよ！」と悲しい気持ちになり、そっと目を閉じて開けたら「土曜の夕方になってないかな～」とか、「速報です！　明日は急遽祝日となりました（何を祝うんだか…‼）」とニュースが飛び込んでこないかな～とか、２～３分本気で願う子どもでした。

その頃に我が家では夕飯が始まって、『サザエさん』を観る頃には気持ちが切り替わって、「明日は何して遊ぼうかな」「好きな女子と話せるかな」とか、なるべく楽しみに……。でも、月曜の朝は格別に眠かった気がします。

だから、祝日の月曜日を必死で探すクセは今でも抜けません。なごりで今でも水曜と土曜は好きです。この世界にいると曜日感覚が麻痺するといいますが、ゴミ出しはできるだけするようにしていますし、そうやって曜日感覚を保っているのかもしれま

小学生の頃の記憶

せん（海上自衛隊のみなさんの金曜のカレーと一緒かも）。

そういえば、この前、小学校の同窓会に行ったら、「飯尾くんって変な組織を作ってたよね」と言われて、記憶が急によみがえりました。

4年3組は新任の綺麗な女性の先生で、自分たちはそのカゲヤマ先生に熱を上げてしまったんです。プールの授業では、いつも真っ青の水着でした。先生は肌が白くて、それにポーッとしてしまって、先生をどうにか応援したいと思った自分たちは「カゲヤマヒップの会」を5人の友人とともに結成しました。

2時間目が終わったら、カゲヤマ先生はプールの準備をします。その時に、みんなで先生を応援がてら水着を見にいくんです。「ヒップの会」には歌があって、当時のヨーグルトのCMソングの替え歌を歌いながら、待ち合わせ場所に集合します。プールサイドでは金網越しに5人で並んで「やっぱりきれいだな〜、先生は」「本日も水着の青がハエてますなぁ〜」「先生はお尻がいいなぁ〜」と各々感想を言って、応援を終えたら満足して帰ります。

ところがある日、その活動が校長先生にリークされてしまいまして。

「今日は校長先生と給食を食べてらっしゃい」と、その5人が呼ばれました。とても優しい校長先生で、「学校は楽しい？　そういえば、いつもプールを見にいっているらしいね」と笑顔で言われて、自分たちの活動が認められたような気がして嬉しかったんでしょう。

素直に「カゲヤマヒップの会というのを作って日々活動してます！」と報告をしたら、「先生を好きになるのは良いことだけど、解散しなさい」と言われました。「ちょっとヤバいみたいだ……」と悟った我々はさらに地下に潜って、秘密裏に応援活動を続けたんですが、もう一度校長先生に呼ばれまして、「本当に解散しなさい」って、怒られてしまいました。その後、「ヒップの会」は秋が来てプールの授業がなくなり、自然消滅しました。

「ぱっくりピスタ〜チオ」というギャグを披露したのも小学校の仲間でした。

親父が食べていた「ピスタチオ」、その言葉の響きがなんだかおかしくて、翌日学校で友達に目をつぶってもらい、耳元で「ピスタ〜チオ」と言ったら、ゲラゲラ笑ってくれて、その笑っている姿にこっちも嬉しくて笑い、勢いでその日の給食で出た苦

小学生の頃の記憶

手なカリフラワーも鼻をつまんで食べられた。そんな日々でした。

言葉の持つ面白さに目覚めたのはその頃から。野菜侍の「にん・じろう」は、にんじんみたいな見た目で意外と腕が立つ。だが果し合いの末に斬られて、最後に「ウ、ウマに食わせてやってくれ」と遺言を残します。「きのこ」の「木野小次郎（きの・こじろう）」の遺言は「俺が死んだら干してくれ。良い…ダ…シ…が…と…れ…る！」。「キャベツ太郎」は「粉々にして小麦粉をまぶして揚げてお菓子にしてくれ……」って「キャベツ太郎にキャベツは入ってねーよ！」でみんなで大笑い。その勢いを借りて、苦手な小テストの時間をクリア（65点／100点……クリアしてないよ！）。

当時からやってることは変わってないし、周囲にも恵まれていたんでしょう。ゲラゲラ笑って、朝から晩まで過ごしていました。面白い友達がみんな裏門から帰るから、わざわざ遠回りして下校したりもしていました。

楽しい仲間と一緒にいると、あっという間に時間が経ってしまう。この時間がずっと続けばいいなといつも思っていました。ゲラゲラ、ゲラゲラ。そうして、気がついたら自分は、172～3cmの好き勝手に生きているおじさんになっていました。

03

母のディフェンス力

ところで、
和樹の財布は
すっかり寂しく
なりまして……

うちの母親にオレオレ詐欺の電話がかかってきたことがあります。

電話の向こうの犯人はこう言ったそうです。

「あ、オレオレ。悪いんだけどお金を用立ててくれないかな」

「あらそうなの。パパに相談するわね」

そう言った瞬間、ガチャンと切れました。詐欺グループの犯人は、電話の相手が「第三者に相談する」と言うと諦めるらしいんですが、実は母親は電話がかかってきた時点で詐欺電話だって気づいていたようです。


それまでに、両親に電話でお金の無心をしたことが何回もありました。

なぜ母親が気づいたかというと、自分がお金のお願いをするときは「お母様、あじさいの咲き乱れる季節、いかがお過ごしでしょうか。ところで、和樹の財布はすっかり寂しくなりまして……」と、いつも季節の挨拶から入り、ご機嫌を伺い、最後まで敬語で話していたからです。

息子だからといって、いつでも借りられると思い込んでいる「勘違い詐欺」です。

だから、急に知らない番号から電話がかかってきて、息子だと名乗って「お金を貸してくれ」と言われても、「敬語じゃないから違うわ」と、すぐに気がついたというわけです。普段は「おふくろ」だけど、お金を借りるときだけは「お母様」と呼んでいましたから。

これまで自分がお母様に融資をお願いしたとき、きっと親父にも相談していたんでしょう。「お父さんにも相談するわ」って言われたら、恥ずかしくなって電話を切っていたかもしれません。なんで母親にはいくつになっても甘えてしまうんでしょう。

「そうなの大変ね。いいわよ、取りに来なさい」と言われると、小躍りしながら実家に向かったものです。電車に乗るお金もないので、当時住んでいた品川区から実家まで1時間くらい歩くことになるんですが、まったく苦になりませんでした。

インターフォンを鳴らして、居間でかしこまっていると母親が入ってきて「あんた、大丈夫なの〜？」「この前貸した2万円も戻ってきてないわよ」と言いながらも、お金を差し出してくれました。金額はいつも1〜3万円くらい。多くても年に二度までと決めていました。お金を借りると居心地が悪いもので、静かに玄関で頭を下げてすぐに実家を後にしました。

母のディフェンス力

しかし、母親へのお金の無心は、身内なだけに借りるための電話にもすごい気を使うので、おかげさまで計画的に借金ができました。……って、バカ息子！

お金を借りた帰り道は、ＶＩＰになった気分で電車で帰りました。そのお金は何に使ったんでしょう。詳しくは覚えてないけれど、おそらくは生活費になって、その日だけは好きなものを食べたんでしょうね。

翌朝、パチスロもやったのかなぁ～、負けたなぁ～、歩いて帰ったなぁ～、泣いたなぁ～、キャイ～ンにおごってもらったなぁ～、事務所に前借りしたなぁ～、バカだなぁ～、ぺっこりだなぁ～。

親にはお笑いという好きな仕事を選ばせてもらって、さらに金銭面の援助もしてもらって感謝しています。

うちの両親は自由な発想の人で、もし我が家が商いをやっていても「継がなくていいよ」という親だったと思います。うちは両親ともども公務員だから、継ぐことはできないんですけどね……（その前に試験をパスする頭と努力する根性がないだろ！　自分から自分へのメッセージでした）。

定年してからは悠々自適で、夫婦で海外や国内へ旅行ばかりして帰ってきません。「今、北海道にいます」って、旅行先から写真やメールが送られてくるんです。こちらは「あら、いいじゃない」って返信したりして。

今は運良くお笑いでごはんを食べられるようになって、時々は親孝行をしなくちゃと思ったりもします。でも、お金や旅行をプレゼントしようとしても受け取らない。借金していた頃の記憶はずっと消えないんでしょうね。

1歩、2歩、3歩目から
メガネがオペレーターのマイクに。

お電話ありがとうございます。

……はい、○○でございますね。

……飯尾が承りました。

04

長男の耐えどころ

「一回勝ったら納得して寝るから負けてあげて」って、耳元で母親がささやくんです。

3人きょうだいの長男です。すぐ下に妹がいて、7歳下に弟がいます。長男っていうのは損な役回りだと思いませんか。全国2千万人の長男のみなさんにこれだけは言いたい。長男の人は大きく頷いていると思うんですが、「お兄ちゃんだから我慢しなさい」って言われることが多かった。いつも下ばかり可愛がられているような気がして……。

たとえば、ババ抜きなんて絶対に勝てなかったんです。なぜなら自分が勝つと妹が大泣きするから。早く寝かせたいから「一回勝ったら納得して寝るから負けてあげて」って、耳元で母親がささやくんです。そうすることで丸く収まるのはわかるんですよ。でも、「やった〜」って、無邪気に喜ぶ妹の姿を見るのが悔しかったなぁ。……今考えると、器の小さい長男だなぁ。

とにかく両親は妹には甘かったんです。たとえばお小遣い。高校時代、自分が父親に「リーバイスのジーパンが欲しいから8000円くれないか」というと、「バイトしろよ」と言うわけです。

「だって、部活が忙しいからできないよ」

「それなら、お小遣いをためなさい」

「部活帰りに仲間とパンだ、駄菓子だ、ジュースだぁで、全部なくなっちゃう」

「だったら部活をやめて、バイトをやれば？」

そんな具合でした。でも、親父ときたら妹には甘くて、すぐにサンリオのカンペンとかを買ってあげるんです。なんだよって抗議すると、「女の子だからな」って。バイトをさせるのも心配だったんでしょう。

でも、悔しそうな自分を見たおふくろが、物陰でそっとお金を渡してくれていたんです。「お父さんには内緒よ」ってね。でもね、今だから言いますけど、妹は高校時代、近所のパン屋でバイトしてましたからね。「お父さんには内緒にしててよ」って、チヨコクロワッサンで買収されたから今まで言えませんでしたけど。

年の近い妹とは喧嘩することもありましたが、7つ離れた弟は、とにかく可愛かったなぁ。ある日、髪を切った弟が前髪パッツンの髪形になってて、それがまた似合っていて、可愛らしくてね。でも本人は嫌だったみたいで「どんぐり、どんぐり」とからかっていたんです。弟はたしか小2くらいでした。

翌朝、鈍い痛みで目が覚めました。鼻から生暖かい血が噴き出ているのがわかりま

長男の耐えどころ

した。「あれ、なんだ!?」とパニックになって飛び起きたら、目の前で鬼のような形相をした弟が自分の顔面を殴っていたんです。横で見ていた妹は大笑い。どうやら弟は、からかわれたことをひと晩中、根に持っていたようです。

妹は「お兄ちゃんがからかうから怒ったんだよ～」ってケラケラ。自分は痛みをこらえながら、そんなに弟は嫌だったのかと、悪いことをしたなって反省したんです。

つい先日、弟に「あの鼻血が人の心の痛みを教えてくれたんだな」ってしみじみと話をしたら、まったく覚えてませんでしたけどね。

そういえば、弟は武闘派でした。高校生の頃、自分がベランダに立って外をボーッと見ていたら、ランドセルをしょった弟がヒックヒックと泣きながら帰ってきたんです。「なんかあったのかな?」と心配になり、お菓子でもあげようと思ったら、ガチャッと玄関のドアが開く音がして、すぐにバタンと閉まった。

すると、小さい木製バットを手に持った弟が遠くにいた中学生に向かって「あ～～～!」って叫びながら突っ込んでいったのがベランダから見えたんです。

「こいつやべえ!」と言いながら慌てる中学生たちに、半ズボンの弟がバットを振り回しています。慌てて家を飛び出しました。どうやら向こうが最初にちょっかいを出したようで、高校生だった自分が仲裁をして一件落着。

家までの帰り道、「バットじゃなくてもよかったんじゃないの？」と話したことを覚えています。

自分の身近なところには長男が多いですね。相方のやすの実家は地元で有名な染物屋さんで、彼は4人きょうだいの長男。キャイ～ンのウド鈴木は実家が大きな農家で、お姉さんが2人いて3番目の長男。2人とも家を継ぐというプレッシャーがあったんじゃないかな。うちは公務員だから、家を継ぐ義務はないし、でも長男だから、損な役回りばかりしてましたけど。

下は自分が怒られていたのを見ていたから、反面教師で要領がいいんです。弟は自分の友達と一緒に野球をしていたから、同級生とやっても「球が遅く感じた」って言ってましたね。

だから弟は、野球を始めたらすぐにレギュラーになっていましたし、逆に自分はそんなチビに付き合っていたから、たまに同級生と野球をやると「お、速いな！」って思ったりして。

仕事では、暇を持て余しているときに、先輩たちの特番に呼んでもらえたのは嬉しかったですね。なぜなら、そこで先輩たちの速い球を見ることができたからです。豪速球でした。

実生活では長男でしたが、芸能界では後輩という弟たちにすぐに抜かれていきました。みんな、おもしろカルシウムの吸収が早くて、グングン成長して、整列時の「前ならえ」だったら、自分は長いこと腰に手を当てて、最前列にいた感じでしたね。後ろのほうは自由で楽しそうだなぁ〜と思いながら。

05

コンプレックス

母親の姿見で
確認したら、
「1、2、3……
え？ ご、5頭身!?」

いろんなあだ名で呼ばれてきました。

基本的には「飯尾」と呼び捨てにされることが多いんですが、「和樹」「めしおのめっちゃん」、漫才ブームのときにはデフォルメしたビートたけしさんの似顔絵と顔が似ているってことで「たけし」。鼻がデカいから「チャーリーブラウン」と呼ばれたこともありました。結構気に入っていたんですが、夏休みでみんなと1ヶ月会わなかったら、もとの「飯尾」に戻っていましたョ。

「明太子くちびる」はきょうだい喧嘩の最終兵器でした。妹は色が白くて、弟はすらっとしていて、自分にあまり似ていないんです。「明太子くちびる」って言われると、自分は口を細～くして「そんなことないよ！」と言いながらも、このタラコみたいな分厚い唇はずっとコンプレックスでした。

顔のコンプレックスは、もちろんたくさんあります。もちろんって哀し過ぎるけど、この先もこの顔と上手に付き合っていきます。時には話し合いながら!!

中2の時に、廊下を歩いていたら、たいして仲良くない女の子がいきなり声をかけてきたんです。「飯尾って顔が大きいよね！」と。

最初は何を言ってるんだ?って思いましたよね。でも、家に帰って母親の姿見で確認したら、「1、2、3……え? ご、5頭身!?」みたいな。そこではじめて自分の頭の大きさを認識して、これもまたコンプレックスになるわけです。

あとは目が一重なこと、鼻がデカいこと。顔面はほぼコンプレックスの固まりで、思春期って見た目が気になる時期だから、毎日鏡を見るのが嫌でした。

でも、自分にはとっておきの場所があったんです。それは自宅の洗面台。窓が南西にあって、夕暮れ時に顔を見ると、窓から入ってくる陽の光でスッとシャドウが入って、顔は小さく、鼻筋が通ってカッコよく見えるんです。

「いや〜、これだったらイケるんじゃないかな」

夏は午後5時40分頃、冬は午後4時過ぎが、一瞬だけ男前の気分を味わえる魔法の時間だったんです。

高校時代は男友達と遊ぶのも楽しかったけど、やはり恋愛にも興味がありました。……カッコつけました。興味なんてもんじゃないです。1分1秒でも早く彼女がほしかったです!! 学校から2〜3分離れたところで彼女が待っていて、小さく手を振ら

05

コンプレックス

れて、そこまで一緒だった友達に「悪いね」なんてデカい顔で会釈して、彼女と一緒に帰りたかったです!! 冬には彼女の編んだマフラー（当時の男のステイタス）を巻いて……。当時の自分、よく耐えた!!

そんなある日、仲間が有益な情報を持ってきました。どうやら「キャンプ場に出会いが転がっている」というんです。

「なんだそれは。行くしかないだろう!!」とすぐに予定を立てたものの、どうやったら出会えるのかわからない……。モテない奴らが必死に頭をひねりました。そして、「キャンプに必要なものを忘れた子がいるに違いない」という推測をしたんです。

たとえば、塩、コショウ、お皿、コップ。現場で困っている子に声をかけたら、あっという間に仲良くなれるんじゃないかって。自分たちは、そんなうっかりレディーにターゲットを絞ってスキップで高尾山へ向かいました。

待ち合わせ場所に着いて最初にびっくりしたのは、自分たち全員が焼肉のタレを持ってきていたこと。甘口、辛口、合わせて10何本もあってどうするんだって、もう大笑いです。タレの瓶をガチャガチャいわせながら山を登っていったところ、キャンプ場にはファミリーしかいなくて、今度は本気でがっくりピスタ〜チオ。

でも、開き直った野郎だけのバーベキューは女子が居なかった分、変なやっかみゼロで楽しかったし、本当にタレを忘れたファミリーがいて、甘口も辛口もたくさん持っていた自分たちは大人気に。おにぎりやウィンナーをもらったりと、ご近所さん同士みたいなあたたかい交流が生まれて、忘れられない青春の1ページになりました。エバラさんには今でも感謝しています。できれば、甘口辛口につづき、〝モテ味〟を開発してください。

当時は数少ない女性の親友もいました。ある日、その子が自分に相談をしてきました。聞けば彼氏が、「なんだよ飯尾、飯尾って言いやがって。どんなやつだ!?」ってひがんじゃったと。お互いに恋心なんてこれっぽちもなかったんですが、「彼氏の誤解を解くために、一回ご飯してくれない?」と頼まれたら、嫌とは言えません。

「オッケー、オッケー」なんて、気軽に返事をしたりして。

3人デートの前日、わざわざ女性から電話がかかってきました。

「いま、彼と一緒だから、電話代わるね」

「どうもどうも、飯尾です。明日楽しみですね」なんて世間話をして電話を切ったあ

05

コンプレックス

とに、「なんか飯尾って、カッコイイ声してんな……」って、彼氏がまたひがんで不機嫌になっちゃったらしいんです。アメリカ映画の吹き替えみたいに、声だけ聞いてイメージが膨らんじゃったんでしょう。

デート当日はにこやかに始まり、最後はカラオケにまで行って大いに盛り上がりました。その彼氏も気のいいやつで、意気投合しちゃってね。

後日、彼女から電話がかかってきました。

「本当にありがとうね、彼氏が飯尾の顔を見たとたん、飯尾とだったら1対1でも全然いいよって」

彼氏の公認を得たのが嬉しいんだか嬉しくないんだか、複雑な気持ちになりました。

見た目のコンプレックスは、大人になってからは、気の合う仲間と笑いあえるようになってほとんど気にならなくなりましたね。特にウドとは毎日のように互いの顔を見ては「神様は残酷だな」って2人でよく笑っていました。

ウドは足は長いし、背は高いし、一見したらモデル体型じゃないですか。「スタイリストがスーツを着せたい芸人」に選ばれたこともあるくらいですから。

でも、足元から見たらいい感じなのに、首あたりでだんだん怪しくなってきて、喉仏で不穏な空気がただよう。思わず「神様は足元から作り始めたけど、十月十日の納期が迫ってきて、首のあたりで眠くなったんだな」って言ったら、ウドは「ひどいこと言うね～、あんたは」「神様、最初から眠かったんじゃない!?」「何を～」と言いながら、レモンサワーをゴク。

ウドには「飯尾さんは川の上流にある石だね」って言われました。大きくて、ゴツゴツしていて、彫刻刀じゃなくてハンマーとのみで削ったモアイ像みたいな顔してるぞって。それを聞いた自分は、「え？　上流？　本当にうまいこと言うな～、いん石くんは～」。ウドは「何を～」と言いながら、カラ揚げをパク&レモンサワーをゴク……と夜が更けていったクリスマス1週間前の夜。

自分なんて地味だし、テレビでいじってもらえる顔があってよかったと本当に思います。男前の人はこんなこと言われないでしょう。

自分の顔がコンプレックスの人は、悩んでるくらいなら気の合う仲間を見つけて、どんどん笑いに変えたらいいと思いますよ。「母親ゆずりなんです」っていうとみんな気まずそうになるんで、それだけは気をつけてくださいね。

06

もしもあの日に戻れるなら

おい、ハタチの俺。
その子には
5回告白しても
付き合えないぞ。

「もしもあの時に戻れたならなぁ」って考えたことはありませんか。

真っ先に頭に浮かぶのは、小学校5年の少年野球の試合です。自分たちのチームの監督は「バットは振らないと当たらないだろう」が口癖で、「やまびこ打線」でおなじみ、池田高校の蔦監督みたいなイケイケな方だったんです（もし、わからない方はグーグル、ヤフーなどで調べてください。ぺっこり31度、お手数かけます）。

たとえば、自分がその試合初めての打席でピッチャーの様子をうかがっていると、「どんどん振っていけ！」って声をかけてくれるような人でした。中学校から急に緻密な野球になって、ブロックサインなんかがたくさん増えて難しくなったけど、小学校時代の野球はシンプルで面白かったんです。

そんな自分が今でも忘れられないのが、夏の一戦です。状況は1点差で負けている7回、ツーアウト2、3塁。カウントは1ボール2ストライク。打席に立っている自分が1球ファウルをして、その直後に1球様子を見ようとした自分に言いたい。「5球目を振れ！」と。

結果は外角いっぱいのストレートで見逃し三振。今になっても、当時を思い出して「あ〜！」ってなることがあります。あの日にもう一度戻れたらなぁって思うんです。

06

もしもあの日に戻れるなら

高校のバレーボール部時代に練習試合で青山学院に行った時のことも忘れられません。時代はバレーボールブーム。男女問わずバレーボールは人気でしたから、体育館では大勢の生徒が観戦していました。

こっちはむさ苦しい男子校だけど、青学は共学で、選手たちは女子の応援を受けている。なにくそっていう気持ちがあったんでしょうね。

試合前のアタック練習で、気合いが入りまくり、自分でも見たことがないような「ズバン！」という、すごいスパイクをコートに決めたその瞬間、青学の女生徒から「きゃ〜〜!!」という歓声が上がったんです。

「あれ？　聞き間違いじゃないよな。俺が、きゃ〜〜!!って言われたんだよな」

そんな経験は人生で後にも先にもその時だけ。おかげで試合は気合いが入りすぎて、1プレー目でタッチネットしちゃいましたけど。

あぁ、あの日のあの瞬間に戻れたらなぁって思うんです。

19歳の自分にはこう言いたい。「立教大学を受けても受からないぞ」って。

本当は家も近いし、慶応大学に行きたかったんです。でも、学費も高いし、受かる可能性は限りなくゼロに近い。立教大を受けたのは、予備校の模試で問題の相性が奇跡的にバッチリ合って……というよりも、選択問題もヤマカンが大当たりして（個人の感想に過ぎませんよ）、唯一、D判定・合格率20％台を出したことがあったからです。

まぁ、国立やハーバード、マサチューセッツ工科大（これは言いたかっただけです）を目指すような人たちからしたら、膝から崩れ落ちる結果かもしれませんが、目をつぶったらホームランだった自分は、その判定用紙を初めてもらったラブレターのように、暇さえあれば眺めてました。時にはテレビや本棚の上に立てかけて。今で言えば、自分の中で最高のインスタ映え。

「20％ということは5回受けたら1回受かる、つまり5打数1安打、1打席目にヒットを打てばいけるぞ！」

あのイチローだって打率4割いかないんですよ。5回打席に立ったら2本打てるか打てないか。さらに受ける学校を10校に増やせば、もっと可能性は広がるぞ……。なんて思いながら試験に臨んでがっくり。

「おい、あの日の俺。英語の試験は、たしか1行目のOne dayまでしかわから

06

もしもあの日に戻れるなら

ないぞ」。One day……ある日。そこでコトンと鉛筆を置きました。One day。サヨナラ。グッバイ。あの日に戻ったら、受験料が無駄だからやめとけって言うでしょう。あ、それだったら問題を教えればいいのかな。でも、結局One dayしかわからないレベルじゃダメか……。

3年ほど前、ロケでとある大学のキャンパスに行ったんです。きれいな並木道に楽しそうな学生たち。まさに夢に見たような美しいキャンパスで、それを見たとき、学生の頃にちゃんと勉強しておけばよかったと思ったんです。もしもあの日に戻れたら、ちゃんと勉強しろって言うかもしれないなぁ。

「おい、ハタチの俺。その子には5回告白しても付き合えないぞ」ってことも伝えたいですね。自分はいつも好きになったらストレートに告白しちゃうんです。「あの子は今、何してんのかな?」ってうじうじ考えてる時間がもったいないなと思ってしまう。だったらさっさと告白して、ダメだったら次に行きたい。

そんな自分でも、諦め悪く、5回行って5回ダメだった子がいたんです。自分にしては珍しいことなんです。

その子はひと目見たときから「いいなぁ」って思ってしまって、会って3回目で告白したら「私の何がわかるんですか?」って言われました。……おっしゃる通りです。でも、その後も何度か会って、どんどん好きになって、そしたらだんだん向こうも自分のことを意識してくれるようになった気がしたんです。

ある夜、片想いの彼女を家まで送っていった帰り道、「じゃあ、帰りますね」って別れたあとに、一人ベンチに座って彼女との会話の余韻を楽しみながら一服していました。「あぁ、楽しかったなぁ……」なんて。

自分がいたのは茂みの遊歩道。そしたら、家に帰ったはずの彼女が自分を追いかけてきてくれたんですって。でも、木陰のベンチにいたから、彼女は気づかず通り過ぎてしまったようで。

次の日に電話で「せっかく追いかけたのに、会えなかったね」と笑う彼女。なんであの時、わかりづらい場所に座って一服したんだろう……。なんでもっと明るい場所にあるベンチを選ばなかったんだろう……。なんで、天敵のフクロウから身を守る小動物みたいな動きをしてしまったんだろう……。ここ一番のチャンス逃すね〜、左投げ両打ちの自分!!

07

告白は自分から
…それは告白されないから…

告白はいつも
最初から最後まで
すべて敬語です。

「ごめん、気になる人ができたの」と二子玉川でフラれたとき、電車に乗る気がしなくて、家の方へ歩きながら、「何だヨ〜、好きヨ♡なんて言っておいて……」と、醜いもんで最初は相手を責めるんですが、歩いていると「そりゃ〜、一緒に居て楽しいほうへ行くか〜」「負けたんだな〜」と整理がついてきて、家に着いたら4時間も歩いていたから、もうグッタリで爆睡!! そして、目覚めたらスッキリ、次へ! この日からフラれると歩いて帰る儀式が生まれました。

そしてまた、儀式の日がやってきました。場所は鎌倉でした。フラれた後、夕日ヶ浜で海と空飛ぶトンビと砂浜に描かれたアイアイ傘（なぜ書き残したいんだろう? ピラミッドの壁画のように、エジプト人の気持ちがわかる気が……。良かったことはみんな書き残したいんだろう）をぼんやり眺めてから、「歩いて帰るか」って。歩いては休み、休んでは歩きを繰り返し、夜は公園の土管みたいなのに寝泊まりしました。

そのうちに、近所から通報があったんでしょう。おまわりさんが来て「どうしたの」「フラれたんです」「明日の朝にはちゃんと帰るんだよ」って。

自分はどんな風に映ったんでしょう。3日目にやっと多摩川が見えたと思ったら、

告白は自分から…それは告白されないから…

鶴見川でした。「まだ神奈川県かよ〜!!」と心の中でシャウトして、もう誰からも求められていない意志を貫いて、結局3泊4日かけて自宅に戻りました。この失恋で学んだことは、元彼女の判断は正しい（先見の明がある。NYヤンキースのGMにもなれたかも）。それと、思ってた以上に「神奈川県はデカイ」でした。

やっぱり忘れられないのは、告白して付き合えなかった人でしょう。

自分はどんなときでも、好きになったら絶対にこちらから行ってました。何勝何敗なんだろうな……。間違いなく、負け越してますけどね。

告白はいつも最初から最後まですべて敬語です。告白の瞬間ももちろん敬語です。

答えは決まって「嬉しい。だけど、ごめんなさい」。

自分は心の中で静かに敬礼し、そして空に向かって空砲を撃ち、くるりと背を向けて立ち去ります。相手もきっと敬礼と軽く献花をしていたんじゃないでしょうか。

昔からモテませんでしたが、友達の告白の手伝いはよくしていました。教室の外に呼ばれ、出て行くと女の子がモジモジしているんです。「誰々くんに告白するから手伝って」って。

次の日に男友達から「彼女ができた」って報告されると、「告白されるってのはいったいどんな感じなんだ」「なんて言われるんだ」「それでなんて答えればいいんだ」と、すごい食いついて聞いていました。だから、誰かに告白されるというシミュレーションは10代の頃は何度も繰り返しましたね。

みんなが帰った後の教室、体育館の裏……、女友達から呼び出されて、「○○が話があるらしいんだけど……」「えっ？ 何？」なんて、分かりきっているのに。そして帰り道、恋の待ち伏せを正門でされたり、自宅までの最後の信号で不自然な信号待ちをしている学校一カワイイ子がいて、「飯尾、部活の帰り？」「まぁね」なんて言いながら……。今、原稿を書いている大井町の喫茶店・ギグレットのマスターに「そろそろ閉店ですよ」と言われたので、このへんで思い出を閉じます。

学生時代の大きなイベントといえばバレンタイン。中3の時は高校入試の直前で、おふくろから、ホワイトチョコで「努力」と書かれた板チョコをもらったことを覚えています。小学校の時は、不二家のハート型のピーナッツチョコレートを「並んでくださ〜い！」という女子の前に並んで、配給みたいにもらっていました。

告白は自分から…それは告白されないから…

そのあとは、ホームランじゃないけど、「今年の本数はいくつだ？」って友達と比べます。もちろんみんな義理なんですけど、意地でも「義理」とは認めませんでした。「たとえ義理でもチョコはチョコだ」って。手作りチョコなんてもらったことないもんな。チョコは下駄箱に入れておくのが通例で、ないとわかっているのに細目にしてそーっと下駄箱を覗いてみたり、そっと上履きを持ち上げて、「あれ、いつもよりちょっと重くないか？」って本気で勘違いしたりしてね。ちなみに、バレンタインの日、給食でパラソルチョコが出たんですが、それもしっかりカウントしていました。

12月22日が誕生日なんですが、クリスマスと冬をやっと乗り越えたと思ったら、すぐにまたバレンタインが来て、ここでまた男としての成績表が発表されるのかって。男の年度末は2月14日。そこで今年の成績が発表されるわけです。だから、バレンタインは妙にソワソワしてましたね。まぁ、ソワソワ損でしたけどね……。アハハハハ(カラ元気)。

大人になってからは、外見や運動神経だけじゃなく、トータルで判断してもらえるようになって、写真選考で落とされてきた「ルックス労働組合」の僕たちにも少しチャンスが広がりました。

最高に胸ときめく瞬間

布団の下に
チョコもありますよ。
月も綺麗に見えた。

告白してオッケーをもらったとき、嬉しかったですね～。18歳の時に初めて付き合った子は、最初はみんなで会ってて、今度は二人だけで会おうかってなって。秋に告白してオッケーをもらったんですが、それは18年間生きてきた中で最高に胸ときめく瞬間でした。自分の好きだという気持ちに振り向いてくれたことが初めての経験で、本当に嬉しかったんです。

雨が降ってようが、カサを持ってなかろうが、草木のために雨さん適度にお願いしますョ～、自分なら大丈夫、なぜなら、◯◯ちゃんがいますから。雨で濡れた道に出てきた大きめのカエルにも普段だったら、「わぁ～!!カエルだョ!!」と否定めいたリアクションをしそうなものを、もう「君」付けで「カエル君～、雨好きだョね～」と。メスかもしれないのに……。人に優しくできるし、世界がキラキラしていた。隠してあったお菓子を妹や弟に発見されて食べられても「よかったらどうぞ。布団の下にチョコもありますよ」とか言ってみたり。

毎日が嬉しくてたまらなかったなぁ。月も綺麗に見えた。その子を送った帰りに、公園のベンチでその日のことを思い出して1時間くらい座っていたこともありましたね～。たぶん、スーパーだらしない骨抜き顔だったでしょう!!

結局、その子には気になる人ができたと言われて、フラれました。というのも、調子ブッこいて、だんだんと連絡しなくなってしまったんです。

卒業後、一人暮らしをしていた自分は、だんだんと仲間と遊ぶことのほうが楽しくなってしまったんですね。ほとんど連絡も取らずにいたら、困った彼女はついに実家に連絡をしてきまして、「和樹さんと連絡が取れないんです」と、実家の母親に相談していたんです。ある日、母親から電話がありました。「和樹、お土産あるからいらっしゃいよ」。母親は旅行が好きだったから、何の疑いもせずに実家に行ったら、玄関先の和室に呼ばれましてね。

開口一番「〇〇ちゃんに全然連絡してないの？　芸人になるって言ってたけど、電話1本できないくらい忙しいの？　テレビでまったく観ないけど!?」って。モゴモゴしていたら、「パパは決めるとき、決めたけどね！」と言われて、ちょっとトラウマになりました。……決めるときって…お父様～!!

そして、目の前で電話しろと。黒電話をジーコジーコ。

「す、すいませんでした……」と。その子とはこちらの器不足で挽回できずにフラれてしまいました。……そりゃそうだョ。そのツラで安心したらアウトだョ!! 自分からあの時の自分へ。

これまで生きてきた中で、告白されたことは一度もありません。

昔と比べたら、街で声をかけてもらうことがありますし、飲み屋でも「ファンです」と言っていただくことは多くなりましたが、おそらく「図鑑で見た虫」みたいな感じなんだと思っています。

身近だとキャイ~ンはカブトムシかな。カブトムシ、オニヤンマは虫の中でもスターですよね。若いうちから人気で。輸入禁止で日本に居ちゃだめなやつ。ほら、持って帰りたくなるでしょう。

自分なんか、例えるなら「旅先の大きめの蟻(アリ)」ですよ。「本当に動くんだ」「意外と大きいんだ」「思った以上に黒いし地味だな」って。地方のアリって大きくて感動しませんか? 自然が豊かなところのアリって大きいよねって。その程度です。捕まえて持ち帰って、アリの巣まで作ろうという奇特なファーブル肌な人はなかなかいないですよね。やすはゲンゴロウ?

特に10代の頃は、雑誌の「～な男が夏モテる」特集が、この一重まぶたの目に飛込んできました。白いTシャツから焼けた肌が…なるほど……。実践って、…白いシャツから真っ赤なボロボロな肌が……悲しくて夏。

松田優作さんがＣＭしていたムースも発売と同時に買いに行きました。ムースなんて初めての体験で適量がわからなくて、手に盛ったムースを全部つけて出かけたら、自転車に乗っているうちにオールバックになっていました。あの頃のお小遣いは、全部ムースに使っていたんじゃないでしょうか。

聞き上手な男がモテるって雑誌で見た翌日に、当時の彼女の話に対して「うんうん」と頷いていたら、1ヶ月後に「あなたには感情あるの？　ロボットみたい」ってフラれたこともあります。そうか、話を聞くのもリアクションしなくちゃいけないんだと学びました。……ダメな奴です。「へえ、それで？」と、合いの手を入れて相手の話を聞き出す。ＭＣができる芸人と一緒ですね。

身近なところだと、やすなんかは本当に聞き上手です。あいつは気が優しいから人の話をいくらでも聞いてくれる。打ち合わせでもなんでも、「うんうん」とニコニコしているから、こっちも気持ちよくしゃべっていると、翌日になってなんにも覚えてないってこともありますけど。

奥さんとは、結婚のタイミングが合わなくてちょっと距離を置いていたんですけど、テレビの企画でプロポーズして、めでたく結婚することができました。

最初は関根勤さんが座長のメッセージ性0のコント舞台「カンコンキンシアター」で知り合って、互いの家が近くて仲良くなって、ある年、うちの部屋がたまり場だったので、料理とかを手伝いにきてくれていたんです。

そのあたりから、いいなぁ~と思い、告白当日はウドに「一か八か言ってみる」と伝えると、ウドは「お~~！　いつでもスタンバイしておきますから!!」と。……スタンバイとは、フラれた場合に、後日、川や海に連れていってくれて、報告と卒業式を行う恒例儀式のことです。

そして、告白したら、大きめのアリに興味がある人だったのか、「ハイ」と言ってくれました。ナイスファーブル肌の女子!!

忍法メガネ残し！

マイスタイル編

09

父親ゆずりの癖っ毛

あ～あ、自分が
世界クラスのカリスマ
だったらなぁ。

昔から、なかなかの父親ゆずりの癖っ毛でした。
特に雨の日はクルクルになって大変なんです……。「あ〜あ、自分が世界クラスのカリスマだったらなぁ」。この癖っ毛があっという間に若者に流行るだろうし、ボサボサの寝癖のままで町に意気揚々と出れるのになぁって思いますよね。

自分の髪の毛はそんなに好きじゃないけど、高校1年生の時にバレー部の試合後に、全員が坊主にさせられたのは嫌でした。3年生の「連帯責任だ！」のひと言は今でも耳の奥に残っています。
負けたのは3年生だし、自分は試合にも出てない。ただただ、薄めのゲータレードを作り、先輩に配っていただけなのに、なんで坊主になるんだって納得がいかないでしょう。思春期の頃は、やはりおしゃれがしたいじゃないですか。

そんな高2のある日、美容室へ行ったら「カットモデルをやらないか」って言われましてね。「タダでいいから」と熱心に誘われ、浮いたお金で喫茶店でピザトーストを、と心が動き……「じゃあ、お願いします」と。ちなみにモデルというフレーズにも「俺がモデル!?」と浮かれた気持ちもありました。

カットモデルってなんだろうと思いながら椅子に座ったら、美容師さんが小さなバリカンを手にしました。

「あ！ 坊主だけはやめてください」って叫んでましたね。

美容師さんは「大丈夫、大丈夫！」って笑いながら、どんどんサイドを刈り上げていく……。10分後に鏡の中にいたのは、ツーブロックの飯尾家長男でした。「ツーブロックっていうんですョ」なんて説明を受けましたけど。

切った日は美容師さんがムースでセットしてくれるからよかったけど、次の日、バレー部の練習でジャンプするたびにサイドの髪がダンボのようにバサバサ……すみません、そんな良い物じゃありませんでした。先輩からは「半ヅラ」と笑われました。

……笑ってくれたから助かった夏。

若手の頃から通っている理容室があります。「ヘアサロンタカハシ」の店主は腕利きで、ウド鈴木のカットを発明した人でもあるんです。

店は初台にあって、昔そのあたりに引っ越した3日後に、ウドが「髪を切りたいな」

09

父親ゆずりの癖っ毛

って思って、店を覗き込んだのが出会いだったそうです。

そのおじさんは町の顔で、「なんだ、見かけない顔だな。入るなら入れ」って。迫力に圧倒されて、ウドも思わず「入ります」と。そこからウドとおやじさんの家族ぐるみの付き合いが始まりました。

おやじさんは新潟出身で、実家も代々続く（海老蔵さんみたい）理髪店。東京にきて、最初は根津のほうに店を構えて、結婚して、長男が生まれて、今のところに店を移したそうです。

親父さんはウドのことを〝山形のあんちゃん〟と呼んでいます。

当時、ウドはようやく深夜番組に出始めた頃で、ある日おじさんが、「山形のあんちゃんさ、おじさんテレビで見て思ったんだけど、どうもインパクトが足りないんだよな」って。ふんふんと思って聞いてたら、「おじさん、新しい髪型を考えたんだよね」って。

ウドも思わず勢いで「お願いします！」と。

その日のウドは徹夜明けで、切られているうちにすっかり寝てしまったらしく、「できたよ」って肩を叩かれて鏡を見たら、あのパンクなミステリーサークルの一部分みたいな髪型だったと。

ウドが新しいヘアスタイルになったまさにその日、自分は同じ現場にいて、会った瞬間からずっと野球帽を取らないもんだから、「どうしたんだよ?」と聞くと、「髪を切ったんだ」と目を伏せている。

……そして帽子のつばに手をかけた。元オリックスの星野伸之(ほしののぶゆき)さんのスローカーブよりも遅く帽子を取ったやつを初めて見ましたね。

思わず「おお、攻めたなぁ~」と感心したことを覚えています。

現場で初めて見た時はびっくりしましたよ。とにかく奇抜でしたもん。その日の漫才は最後までウドの髪いじりで終わっちゃったくらい。

しかし、人間ってのはよくできたもんです。ひと月たったらその髪型にも慣れちゃうんですから。慣れさせるウドもすごいもんですよ、本当に。

そこからキャイ~ンはグイーンと売れて、それ以来、髪型を変えていません。あげまんならぬ「あげ理髪」とでも呼びましょうか。

それで、自分もその店に通うようになったのは、3年後のことです。ウドと飲みに

父親ゆずりの癖っ毛

行って、彼の家に泊まって、そしたらウドが「髪を切りたい」なんていうもんだから、付き合って「こち亀」なんかを読みながら出来あがりを待ってたんです。

そしたら、「あんちゃんも切ってけよ！」とおやじさん。

お金を持ってないから躊躇していたら「ほらほら座れ」って犬みたいに言われて、仕方ないから素直に席に着いた。……これがね、うまいんですよ。上機嫌で最後にお金を払おうとしたら、「いらねぇよ、貧乏人から金は取れない」って。その時、実はウドからも代金をもらっていなかったと知りました。

それから定期的に通うようになったものの、3年くらいはお金を受け取ってもらえず、逆に行くたびにごちそうしてくれていました。いつも受け取ってくれないから、こちらもちょっと気まずかったんですが、「おやじさんはアイス、特にチョコモナカが好きなのよ」と秋田出身のおかみさんが情報をこっそり流してくれて。毎回バカのひとつ覚えでチョコモナカジャンボを10個持って行っていたら、「冷凍庫に入らねーよ！」ってツッコまれました。

相方のやすも、出会った頃は～（「♪オリビアを聴きながら」風に）、おデコが指3本分の狭さでした。小～大学2年まで柔道部で丸坊主にしていて、やっと髪に自由が訪れましたが、遺伝の教えを守り、26歳から頭という街の過疎化が進み、前髪をたどっていったら後ろ髪だったこともあり、これは名人タカハシのおやじさんだと思い……。

やすを連れて挨拶に行ったら、「よし座れ」って。おやじさんはじっくり時間をかけて、丁寧に頭の形や髪質を見たりと、カウンセリングするんです。さすがプロだなぁと。しばらくして「よしわかった、俺に任せておけ」と力強く頷くおやじさん。「お願いします」って、やすが嬉しそうに言った直後に、バリカンでわずかに残った毛をバッサリと刈り始めました。

その様子を自分は横で見ていたけれども、「おおお……」って、やすが焦っているのがわかりました。丁寧なカウンセリングの結果、やっぱり「バッサリと」だったんだろうって。これもまた、好評でした。本人も「今まで俺は……。もう雨も怖くない!!」と。

そんなこんながあって「ヘアサロンタカハシ」のおやじさんとは、家族のようなお付き合いをさせてもらうようになりました。

父親ゆずりの癖っ毛

20代後半の頃だったか、仕事がなくて暇な時に、おやじさんから「お願いがあるんだ」って電話があったんです。

これまでお願いなんてされたこと一度もないわけで、なんだなんだって思っていたら、「来週の日、月、火は空いてるか?」と。

「もちろん空いてますよ」と、もちろんってのも哀しいかな、即答です。その頃は、毎週がゴールデンウィークでしたから。

「あのさ、かみさんの秋田の実家の雪おろしを手伝ってくれないか?」

「もちろん、空いてます。仕事なんて一つもないです。大丈夫です!」

翌週にはスコップを片手に持った〝ずん部隊〟が大井町駐屯地から出動しました。秋田までは行きも帰りも新幹線。交通費も出してくれました。当時の自分たちは仕事がなくて体力が有り余っているから、2泊3日の予定のはずが、なんと1日で終わってしまった。

秋田のおばあさんはすごい喜んでくれて、おいしいものとお酒をごちそうになって、いやぁ、楽しかったなぁ。ロケだったら、なおさら……って、こんなロケ無いョ!!

自分たちがテレビに出るようになってから、ようやく代金をもらってくれるようになりました。いつも４０００円を渡すんですが、簡単だったから２０００円でいい、今日は１０００円とか言われるけど、「ゲン担ぎなんで、入れさせてください」って４０００円を置いていきます。

でも、おやじさんはそのお金を郵便ポストの形をした透明な貯金箱に入れてしまう。そして、それが貯まると、自分や後輩たちを北海道とか旅行に連れて行ってくれるんです。もちろん、貯金箱のお金だけじゃ足りないんですよ。

昼の2時頃に店に行って、髪を切ってもらいながら、テレビを見ておやじさんの解説を聞くのが楽しいんです。「この司会者は上から目線じゃないし、面白いし、わかりやすい。こいつはいいなー」とか他愛もない話をしていきます。なかなか鋭いことを言うんで、やっぱり目利きなんでしょうね。

そういえば自分も、この店で髪を切るようになってからテレビに出られるようになった。自分にとっても「あげ理髪」なんです。

10

図々しさがあればこそ

「寝っ転がって
待っててください」
と言われたら
並んでもいいかな。

そんなに仕事がなくて……いや、天然記念物並みに少なくて、浅井企画の在庫品として残っていた〝おっさん二人〟がコンビを組んだのが31歳の頃。それも、リンスとリンスが組んじゃった。どっちかがシャンプーだったら泡立つのに、リンス同士だから泡立たない……。この仕事でごはんが食べられている自分は、ツイてるな、ラッキーだなって思います。もし、幸運以外になにか要因があるのだとしたら、それは心配してくれる親きょうだい、友人に対しても図々しいから、売れなくても続けられたんじゃないでしょうか。芸人ほど身内から心配される職業もなかなかありませんから。

図々しさで思い出すのは、20代の頃、やすがバイト先のコンビニで廃棄になっていたパンを持って帰ってくるようになった頃のことです。最初は「ありがたい、ありがたい」「やす、ありがとう!」って言いながら食べていたのに、ひと月もしたら、「いつもこのパンしか残んないな」「チンジャオロースをパンに入れて揚げてもなぁ～」なんて、いっちょまえに消費者の立場に……。やだやだ、元々そのパンをありがたくいただく立場なのに。図々しいにも程がありますよね。

結局、ちゃんとしている人は、30歳を過ぎて売れなかったらやめていきますね。だって、食えないですから。一般社会で言えば、みんな脂が乗っている頃。それがツラく感じるんじゃないでしょうか。振り返ると、何の自信があって30過ぎまでやっていたんでしょうか。やはり、図々しかったから、今ここにいるとしか思えないですね。

10

図々しさがあればこそ

昔はよくバイトをしました。二子玉川の東急スポーツセンターのスケートリンクで貸し靴をやっていた頃は、子どもを見るとすぐに18センチか16センチの靴かわかったから、仲間内3～4人の中では〝貸し靴の飯尾〟の異名をとったもんです。

そのスケートリンクはすごい人気で、ゴールデンウィークには2時間待ちなんて当たり前。整理番号が配布されて、呼ばれたらスタートしてもらうんですが、そこで学んだのは、彼女と一緒にいる男は面倒くさいということです。

「受付の時点では、1時間と言ってたのに、1時間10分経ってるじゃないか!」

やめなよ、ととりなす彼女。いいカッコをしたいなら、隣接しているパターゴルフで時間つぶしにホールインワンでも決めてくださいョ～。先ほど小2～3ぐらいの子が決めてましたョ。16番ホールで。自分だったら文句を言いません。だって、混んでいるんだから仕方ないよなって思います。というか、そもそも行列に並びませんね。

自分は行列が苦手で、これまでの最高記録は20分。やすが、「本当に美味しいから」というので、評判の塩ラーメン屋に並んだんです。「これだけ待ってるんだから、よほどうまいんだろうな」と期待しながら。

20分並んだ末に念願の塩ラーメンを食べました。その時に気がついたんです。結局、味というのは期待を超えることはないんだって。行列に並んで食べたラーメンより、自宅で食べるサッポロ一番の「塩らーめん」のほうが美味しかったんですよね。

待つのが嫌な理由は、待つこととその価値が釣り合うのか不安だからかもしれません。「おい飯尾くん、あなた3ヶ月待ってくれたら、お笑い向上委員会のレギュラーになれますよ」と言われたらいくら並んでもいい。それは価値を知っているからです。

もし、知っている馴染みの店が混んでいたら、一回喫茶店で様子見をします。コーヒーを飲みながら座って待つぐらいなら、まあいいでしょう。

知らない店だったらどうだろう。「お客さん、こちらのお座敷で寝っ転がって待っててください」と言われたら並んでもいいかな。

おい、何様だョ!! やっぱり、図々しいんだろうなぁ〜。

11

見出された歌の才能

「ちょっちょっちょ」の回数がなんだか多くなることが発覚しまして……

この年になっても、カッコつけることがあります。

それはクイズ番組などで、隣に女優さんが座ったときです。隣に顔の小さい女優さんが座っていると、必ずといっていいほど、いい匂いがします。彼女たちは自分みたいな人間に対しても愛想がいいし、何より美しいじゃないですか。こちらに向けられた笑顔は、もちろん道端に生える雑草に対する挨拶程度のものでしょうけど、やはりドキドキしてしまうんです。

でも、真面目な公務員の親にもらったこの顔はどうにもならない。せめてもの悪あがきとして、お腹を引っ込めています。顔面は今さら間に合いませんので、お腹は1ミリでも引っ込めばボディラインが……ってウルサイよ！　すみません、良く思われたくて……春夏秋冬。

人に見られる職業についている以上、見た目には気をつけているつもりです。……えっ、それで!!　油断するとすぐに太ってしまうので、食べ過ぎには特に注意しています。というのも、一時期体重が8キロも増えて、靴下を履くときにお腹が当たって、「あれ、洋服を着るのが運動になってしまった」と愕然としました。

11

見出された歌の才能

林修（はやしおさむ）先生の番組に出た際に「食事前に黒酢を豆乳か牛乳で割って飲むといい」と言われていたのを信じて続けたら、おかげさまで7キロほど痩せました。今でも習慣的に黒酢を飲んでいますし、ラーメン屋さんでは、酢を水で薄めたものをクイッとやってから食事をとるようにしています。……腹筋でもしなさいョ。

小学校の頃は、好きな子と隣になれるかもしれない席替えが楽しみでした。「飯尾（いいお）」なので1学期は必ず前（出席番号順）の席だったので、いつも後ろの方に行きたいなぁと思っていました。2、3学期の席替えはくじ引きで、6年間で12回あったのかな。見事に好きな子の隣になったことが2回ありました。

苦手な授業は、人類が軽く進化したんじゃないかと思うほど長く感じるのに、好きな女子の隣に座れた月日はあっという間に。ちなみに、スベる瞬間はスローモーションです。

初恋は保育園のケイコちゃん。彼女の声が好きだったんです。なんででしょう、自分は女の人の声に惹かれるみたいで、当時『樫の木モック』というアニメのテーマソングを歌っている女の人の声がとにかく好きだったのを覚えています。

　保育園ではその歌声を間近で聴きたくて、スピーカーに耳を当てていたそうです。先生が「外で遊びましょうね」と言って、いったん外に連れ出しても、2〜3分後に園庭から戻ってきて、「樫の木モックのお歌をかけてください！」って懇願するくらい夢中になっていたようです。……なのに音痴って、神様〜!!　「天は二物を与えず」と言いますが……何ひとつもらってないんですが……あっ！　とりあえず生きてるか。


　10年ほど前に山寺宏一（やまでらこういち）さんのミュージカルに出たことがあります。自分はとにかく音痴ですから、迷惑をかけるのも嫌なので、最初は生意気にもその仕事を断ろうと思っていたんです。それでも、自分がいつもお世話になっている人やウド鈴木も出るから飯尾くんもどうだろう?と……。

「絶対に迷惑がかかりますから」と言ったら、自分のために音程のテストまでやってくれましてね。何もかも、褒めちぎってくれたんですよ。

「ちょっと音程がズレてるけどいいね！」

　さらに、山寺さんに「飯尾くん、君はお金になる声をしているよ」っておだてていい

11

見出された歌の才能

ただき、おいしいお酒につられて、その気になって「やります!!」と。

結局、稽古に入って本番5日前に、あまりの音痴っぷりにみんなが頭を抱えて、自分の歌がカットになるというオチが待っていました。

「だから言ったじゃないですか！」って思わず笑っちゃいましたよ。

なんといっても初めてのミュージカルでしたから、歌のトレーニングや芝居とボイストレーニングは毎日していましたが、歌をカットされて、もう安堵しかありません。「よし、コメディ部分に集中だ」と、ようやく軽い足取りで池袋の芸術劇場の稽古に通えるようになりました。

もともと音痴で、「口パクをしているだけでも、音痴だとわかる」とナインティナインの二人にツッコまれたこともあります。

自分の〝才能〟を発見したのは、関根さんです。打ち上げがカラオケでモーニング娘。の「LOVEマシーン」を歌ったら「ちょっちょっちょ」の回数がなんだか多くなることが発覚しまして……。

「なんだそれ。もっと歌ってみろ」と、関根さんは大笑い。

関根さんは、その人の面白い部分を見つけるのが早く、コンプレックスを武器に作り直してくれます。面白い芸人を見つけるのも早く、お笑い魚市場の仲買人……いや、漁師ですね。

そのうち、関根さんと小堺一機さんのコサキンのラジオでも歌うことになって、テレビからも歌を歌う企画で声がかかるようになりました。

こっちは真面目に歌おうとしているだけで、笑ってもらえる。こんなにプレッシャーのない仕事はありませんね。

「あなたはただ、ゴールデンタイムの番組で歌ってくれるだけでいい」それで成立するんです。まさに、セリーヌ・ディオン扱い……性別は違いますが、そんな気分だった……土曜の8時。

12

窮屈なのが苦手

アン・ハサウェイが
手編みのセーターを
くれたら、
夏でも着ますけど。

各コンビ、それぞれ色々なカタチを持ってますけど、ずんの場合は楽屋も一緒で、ネタ作りにお互いの家を行き来しますし、一緒に飲みに行ったりもします。まぁ、バラバラの仕事が多いからですかね。

車での移動時は、マネージャーが運転して、自分が助手席、やすが後ろと座る位置が決まっています。……って、おっさんコンビの車の座り位置なんて、どうだっていいですね。

でも一度、やすがとんねるずさんやダウンタウンさんがお互いの家、電話番号も知らないってことに憧れて、ある日「あまり会わずに、それぞれの世界を見てこよう」と言い出しました。

仕事もないのに「やす、ここで会わなかったらどこで会えるんだ?」と聞くと、「そうか!」とやすは言いました。

「先輩たちは四六時中現場で一緒、しかも幼馴染みの関係。自分たちみたいに30過ぎから組んだんじゃないんだよ!」と返すと、一転して「どんどん会いましょう」と。

ずん第二次成長期の始まりです(遅)。

12

窮屈なのが苦手

自分は居心地がいい場所が好きなんです……って、地球上の生物はみんなそうだョ！　相方のやすといるのも居心地がいいから。窮屈なものを避けるように、自由に生きてきたおっさんです。そういった理由で勉学も……。

窮屈といえば、流行を追うことも苦手です。追う脚力もありませんね。一時期スーツはスリムタイプが流行ったけれど、太いのが流行りだしちゃったりして、店員さんに「今はこの太さじゃないんですよ」って言われると、なんだか腹が立ちませんか？

「笑いも時代を追っちゃダメだョ」。タモリさんの言葉です。タモリさんが言うには、自分が面白いと思ってることを続ければ、いつか時代が自分に合うかもしれないだろうって。タモリさんの芸風に納得。

タートルネックやハイネックも好きじゃありません。パンツは締め付けないボクサータイプ、服はチクチク、ゴワゴワしないものが好きですね。首のチクチクなんか思い出しただけでも嫌になります。アン・ハサウェイが手編みのセーターをくれたら、夏でも首元にチクチクを感じながらも着ますけど。

靴下もすぐ脱いじゃいますね。新幹線や車の中、飛行機、公園のベンチ、そして居酒屋。酒を飲むと足がむくむので、座った瞬間に靴を脱ぎたくなるんです。動物に服を着せるのも、見ていてちょっとなぁ〜と思います。動物は体温調整できるはずなのに、見ているだけで窮屈そうじゃないですか。

窮屈な店も苦手ですね。接客態度の悪い店なんかすぐに出ちゃいます。以前、入って席に着いて「何にします?」と聞かれて「え〜っ」と悩んでいたら、ペンを手にパンパンしてイライラしてるのが見えたんです。「すみません、待ち合わせ場所を間違えました」といった三文芝居をして飛び出ます。出るという選択肢を持っていると気持ちが楽になるんです。

20代前半、人気のラーメン屋さんに行ったときのことです。麺を食べようとした瞬間、「スープから飲んでくれないかなぁ」と厨房から言われてビックリ。壁に貼り紙がしてあったので、その店のルールなんでしょうけど、麺からズズッといったら、店主がとたんに不機嫌になってね。おたまでガチャガチャと音を立てて怒りを表現しているから、周りの客もビビっちゃって。でも、自分も若かったから、なんだかその態度に腹が立ってきたんです。

12

窮屈なのが苦手

結局、スープは一滴も飲まないで、麺だけ食べて帰ってきました。間違えて口の中にメンマが入ったからピッと出してね。でもあのスープ、意外とうまかったのかもしれないなぁ。……どうだっていいよ！

食べ物の話で余談ですが、やすは自分たちと話しているときは「スパゲッティ」や「パン」と言っているのに、女性がその輪に入ってくると、スパゲッティをパスタ、パンをバゲットと変換して話します。本人いわく、モテるためだそうです。今日もどこかで「バゲット」と言っているやすの声が聞こえてきそうです。

仕事の現場も窮屈なのは苦手です。自分はいつもオープニングから仕掛けていきます。「ぺっこり45度」「プライバシー解除！」「よろけたついでに由美かおる」もそんなところです。

早くからギャグを繰り出すのは、気が小さいのと、こんな感じで～すと早く伝えたいからですかね……誰か教えてください。有吉弘行（ありよしひろいき）には「普通に登場できない病気」と言われましたけど、先手をしかけて最初に芸人やスタッフをクスッとさせたいんです。そうすると居心地が良くなり、気持ちが落ち着くからか、今ではディレクターさんが「オープニングどうしましょうか?」と言ってくれます。その2~3分後、「季節外れのアスパラがニョキ」って言いながら、カメラの下から出てくる自分がいます。あれはたしか、北海道の十勝でした。

1日7~8分の番組を静岡でやっていますが、毎回2週分のオープニングギャグを持っていかなきゃいけないので、そんなにないよって言いながらも、結果はどうあれ、困ったときはだいたい地面に寝っ転がって、カメラさんに上から撮ってもらって、「ナスカのおっさんの地上絵」と言ったりね。

居心地の良さを作り出すのも、一か八か。スべったらサッサと「行きましょう!!」と言いながら歩き出します。……立つ鳥、後をにごしっぱなし。

13

先を読む力…があれば…

我慢したあとに
用を足す。
究極のデトックス
ですよね。

芸人や社会人として大事なのは、先を読む力なんじゃないかって思うんです。

しかし、この文章をアイスコーヒーを飲みながら書いている私、ずん飯尾には残念ながらその力はありません（軽く涙）。そんな自分は、とにかくやるしかないのです。

スタジオ、ロケ、一発ギャグ、大喜利、運動会、その他モロモロ。

「あれ～？　季節が感じられない」っていうぐらいスベっても……。そんな自分が行きついた答えは、ロケはスタジオのみなさんに「ブン投げ」、スタジオはやるだけやって「MCや共演者に甘える」でした。

ですから、ロケ先でも面白い子どもがいれば絡んで、それを「スタジオに丸投げ」です。子どもっていうのは、度肝を抜くような発言をしたりと、みんな目が離せなくなるんです。自分は面白そうな子どもを見つけると「地元なのか～」とかいって、どんどん近づいて、周囲に親がいないか探します。

未成年だと、放送にのせるのに親の許可がいるんですよね。通りの向こうの子に手を振って面白いことを言われても、その子の親にチェックできなくて使えなかったこともあります。

子ども以外だと、面白い素人さん、特に明るい〝肝っ玉かあちゃん〟みたいな人は

13

先を読む力…があれば…

いいですね。おじいちゃん、おばあちゃんも面白い。

自営業の老夫婦に「ずっと仲良くいられる秘訣はなんですか?」と聞くと、だいたい「忍耐」って返ってくることもわかっています。

散々話したあとに「カットしてね」って言われるとガクッときますね。

こちらも放送の尺があるので、「いやいや……」って泣き落とししようとすると、「本当にやめて!」って言われて、「なんでですか?」って聞くと「ノーメイクだから」と言われると、さらにガクッときてしまいます。

素人さんがどういう反応をするかは読めないんです。

ロケに付きものの移動ですが、高速の渋滞でやってくる尿意・便意も読めませんね。あれだけ用心して事前にトイレに行ったのに、「尿意よ、なんでお前はノコノコと現れたんだ、おい」と。

トイレが我慢できないときはマネージャーに懇願します。トイレに行きたいときって、みんな優しくないですか。どんなに急いでいても、「いい大人なんだから我慢してください」とは言わないじゃないですか。

「わかりました。どのくらいまで我慢できそうですか？　ここを抜けたら……」と、いい大人の尿意に対策を練ってくれます。スタッフさんたちも「わがまま尿意」の経験があるからですかね。仮に車内で「ちょっとすみません、至急水遊びしたいんですが……」と言ったら、にこやかだったADさんも「黙ってろ、おっさん！」と見たことのない目つきで返してくるでしょう。

渋滞でなかなかトイレにたどり着かないときはどうするか？

限界を感じたときは、達成したときの自分をイメージするといいそうです。止まない雨はないし、終わらない渋滞はないと思う。そう信じることが大事なんですって。便意や尿意は一回おさまっても、また何度も襲ってきます。トイレでスッキリしている自分を繰り返しイメージして、ようやくそれを乗り切って、サービスエリアに着いたら、一目散にトイレに向かって走ります。

誰かに「あっちに綾瀬(あやせ)はるか、レディー・ガガ、ケイティ・ペリー、スカーレット・ヨハンソン、アン・ハサウェイがいたよ」と言われても、迷わずトイレを目指すでしょう。それは、彼女たちとはもっと良いカタチで会いたいから……って一生無いよ！

13

先を読む力…があれば…

でも、死んだおばあちゃんに会えるんだったらそっちに行くかもな〜。
「漏らしちゃったよ」といっても、おばあちゃんなら許してくれるかもしれません。
「しょうがないねぇ、和樹は」って笑ってくれるかな。墓参りに行こう。

我慢したあとに用を足す。あれほど気持ちのいいことはないと思います。映画『ショーシャンクの空に』のDVDパッケージみたいに両手を大きく広げたくなるような開放感。体が軽くなった感じがしますし、究極のデトックスですよね。

小学校の頃、我慢の限界でトイレに入り、「いざっ」という時にベルトが取れなくて、「あああ……」って情けない声を出しながら漏らしたことがありました。半ズボンの脇からポタポタっと漏れてしまったんですが、それでも便座に座りました。そういう経験が人を強くするんでしょう。

それにしても、トイレが終わったあとの、あの余裕はなんなんでしょう。
用を足して、いざ拭こうとすると、「トイレットペーパーはダブルじゃないのか〜」
「ウォシュレットがついてないのか〜」って。

さっきまで「なんでもしますから、トイレに行かせてください神様！」と思っていたのに、いきなりこの態度ですから。勝手な野郎でございます。

でも、ウォシュレットはいつの間にか当たり前になっていましたね。出が悪いときにしばらくお尻の穴に当てたりと使い方も自由自在。あぁ、日本のトイレって素晴らしいなぁと思う瞬間です。トイレのW杯があったら、連続優勝国でしょう。

最近は和式トイレが苦手です。腰が痛くて、和式だと思わず我慢しちゃうこともあります。「なんだよ、和式かよ〜」と思ってしまうんです。

高速道路の渋滞で助けてくれたのが和式便所で、あんなに感謝していたんだから「あの時、助けていただいた飯尾です」と跪いてもいいくらいでしょう。

当たり前ですが、トイレは綺麗なほうがいいですよね。

仕事がなくて暇なときに、公衆トイレの使用頻度について研究したことがあります。トイレの個室が3つ並んでいたとしたら、使用回数が一番少ないところがフレッシュだと思ったんです。

13

先を読む力…があれば…

散々観察と研究を重ねた結果、真ん中を選ぶことにしました。

なぜなら、トイレが我慢できず「間に合わない」と焦っている人は、一番入り口に近い手前に入ります。一番奥は恥ずかしがり屋の人が使うでしょう。慎しみ深い日本人に一番多いタイプだと考えられます。そして、真ん中はそれ以外。全室満室になったときに両サイドから音がしますし、おそらく、いちばん使用頻度が低いのではないかと睨んだのです。

それ以来、個室が3つあるときは真ん中にしているんですが、2つだとしたら、トイレットペーパーの破り具合を見ます。そして、トイレットペーパーの破り方が丁寧なほうに入るようにしています。

トイレットペーパーを雑に扱う人は、トイレも雑に使いそうじゃないですか。そういう人はおそらくおしりもキチンと拭いてない可能性があります。意外とトイレットペーパーに人間性が出るんです。

トイレットペーパーが三角に折ってあるのもいいですね。前の人の慎み深さを感じますし、もしかして清掃の人が朝一番で折ってから誰も使ってない可能性だってありますから。

便座に座るときは、トイレットペーパーで1周くるりと拭いてから便座に座ります。どんな人が使ったのか、どんな使い方をしたかなんてわからないでしょう。もしかすると想像もつかないような、まさかというような汚し方をした直後かもしれない。トイレが終わったら、トイレットペーパーで軽く掃除をしてから出るようにしています。すれ違いざまに入ってきた人に、「うわ、飯尾の使ったあとのトイレ汚いな」って思われたらイヤですから……。

基本的には「トイレハンサム」「トイレダンディー」でいたいのでしょう（ん〜、書いているのが夜中だから、このような表現になったのでしょうか……）。

14

食事で失敗したくない

ピクルスって
すごい実力の持ち主
なんじゃないか
と思うんです。

ごはんを食べることが好きです。

美味しいお店に行くのも好きだし……って、誰でも好きか。雑誌で見るのも好きです……って、食事好きの1／4くらいの人が好きか……。

美味しそうなお店を特集した記事を見ながら、「行きたいな～」と思うけど、結局1回も行ったことないんですよね。期待を膨らませただけで満足しちゃうんです。

雑誌を見るときは、まず盛り付けを見ます。

「立体的に高さを出しているのはプロだな」「野菜を丁寧に下処理しているんだな」とか。とにかく見た目が綺麗な料理を見ると興奮するんです。

逆に「おいおい」と思うのは、「すごいな。これで1人4000円ならお得だな」と思うと、（写真は2人前）と注意書きが書いてあったりする場合です。

そういうカラクリって、いっぱいありますよね。

サンドイッチの断面がきれいだけど、ウインナーが半分に切ってあったり、断面だけ見ると、タマゴたっぷりのタマゴサンド。買っていざ手に取ってみると、あらっ？ たっぷりなのは見える断面だけで、あとの3分の2はスカスカ。ただの三角食パン2枚を食べてるだけ……えっ、この時代、なかなかタマゴは手に入らないのかな？ と

食事で失敗したくない

思わせるぐらいに……。ああいう詐欺みたいなのに出会うと、よく新幹線の窓から見えるはずのない富士山を見つめています。

食事の恨みは消えないって言いますよね。自分は食事に関して失敗したくないという気持ちが人より強いのかもしれません。なんで失敗したくないかというと、自分の中で食事の楽しみの比重が大きいからなんです。食事が1日3回楽しめるかどうかは自分次第じゃないですか。そのせいか、昼飯に何を食べるかなかなか決まらないことがあって、たとえば悩み始めて1時間が経っても決まらないこともあるくらいです。

口コミサイトで調べ始めると、30分は決まりません。選ぶことが苦手なのかもしれませんが、それよりごはんに関しては失敗したくないという気持ちが強すぎて、あらゆる情報を頭に入れて検討した上で決めたいと思うんです。

自分と一緒にいたら、イラつくと思いますね。マネージャーには本当にいつも迷惑をかけています。「次の仕事があるから、早く決めてください」と注意されたことも一度や二度じゃありません。

ちなみに友近（ともちか）さんはサイトを見てお店選びをする名人で、点数じゃなく写真に写っている器なんかでセンスを判断するようです。

期待を裏切られたときは「失敗したな」と落ち込みます。勝手に期待したのならともかく、期待させられたのに、がっかりするのが嫌なんです。たとえば「ずん」という名前の店に行って、メニューを見たとします。すると店の名前を冠した「ずんサラダ」というメニューを見つけました。よっぽど自信があるメニューなんだなって期待するじゃないですか。それなのに運ばれてきたサラダを見たら「レタスとトマトときゅうりだけかよ」ってね。

失敗したなという食事はいまだに覚えています。

タネが水っぽすぎて鉄板から流れでちゃったお好み焼き、肉が少なくて玉ねぎばっかりの生姜焼き……。いまでも鮮明に覚えているのが、ロケ先から新幹線で戻るときに駅で買ったステーキ弁当です。

写真で見たら、ミディアムレアでほんのりピンクが残ったきれいな肉が、ズラーッとご飯の上にならんでいるわけです。

14

食事で失敗したくない

しかし、いざフタを開けてみると、全部火が通った茶色いペラペラの肉が4枚くらいのっていて、ほとんどがご飯。それが、たしか1500円くらいしたのかな。

座席で弁当を開けた瞬間、いろんな可能性が頭をよぎりました。「新幹線に乗ってすぐトイレに行ったので、誰かに食べられたのか?」と真剣に思ったり。

とにかく落ち着こうと、一回背もたれに体を預けながら、パッケージの写真と見比べました。そして思わず唸りました。

「JARO(日本広告審査機構)さん……つらいです……」

新幹線の発車時刻が迫っていたからって、あわてて買った自分を反省したり、最終電車に近い時間まで残っている弁当がそもそもダメなんだと勉強にもなりました。

その記憶が大きいので、失敗したくないという気持ちが先立ってしまうんです。

あまりに悩んでいると「なんか買ってきましょうか?」ってマネージャーが声をかけてくれます。自分で行ったら迷っちゃいますから。

そう考えると、マクドナルドは安定していますよね。

朝の仕事に向かうときは「すいません、我慢ができません」といって、マックのドライブスルーに寄ることもあります。

そういえば、ハンバーガーでいい働きをしているのがピクルスですよね。誰もが通る道かもしれませんが、小さい頃はピクルスが苦手で、20歳を過ぎてようやく食べられるようになりました。昔はわざわざ抜いてもらっていましたが、今じゃピクルスがないと寂しく感じます。

この年になってもハンバーガーを最後まで食べられるのは、ピクルスのおかげだと思っています。彼はいぶし銀のいい働きをしていますよね。よくぞ、その生き方を見つけたよなと感心さえします。

だって、ハンバーグやパン、チーズ、トマト、そういう王道の食材たちがいて、どいつも個人で主役を張れるようなところに、「ちょっとすいませんね」と入っていって、存在感を示している。そう考えると、ピクルスってすごい実力の持ち主なんじゃないかと思うんです。あの『オーシャンズ11』みたいなメンバーに食い込むピクルス。いやぁ、素晴らしいですよね。

ピクルスも若い頃は苦労したと思いますけど、今は安心してると思いますよ、他とキャラがかぶってないぞって。

食事で失敗したくない

おそらくマネジメントは個人事務所で、ピクルス自身も自分の存在価値に気づき始めているけど、周りがあまり持ち上げなかったのが良かったんでしょうね。

この世界は、踏ん反り返ったらあっという間に消えますから。

「ハンバーガーに俺がいなきゃ困るでしょ?」という態度を取ったら、「いえいえ、ザワークラウトさんもいますから」と言われてしまうかもしれません。

それを知ってるから、ピクルスは謙虚なんじゃないかな。

ハンバーガーに入るときも、共演者にひと声かけて、スタッフさんにも「おはようございます、おはようございます」と全員に挨拶しているんでしょう。

現場の評判はいいんです。ギャラは安いし、居ないと寂しいなって。気がついたら見ない日はない売れっ子になっているパターンです。いいなぁ、ピクルス。子ども番組に呼ばれないのをちょっと寂しく思っているかもしれませんけどね。

でも、ライブは即完!! 憧れるな、ピクルス師匠!!

15

キツいロケのマイハート

この湿度、
自分が焼売や小籠包や
肉まんだったら
最高な状態なんだろなぁ。

ロケが大好きです。旅気分、懐かしい遠足気分なのか、出川さんの旅番組『充電させてもらえませんか？』に出るために取った原付の免許しかないのに、車、電車、飛行機、そして船に乗るのも好きです。

しかし、ロケでも季節、天候によってキツい時があるんです。冬は着込めば大丈夫なんですが、元々暑がりも手伝って特に湿度が高い日やここ数年の灼熱の夏ですね。

そんな時は心の中でアーティスト風に言うと、「マイハート（あくまでも個人的なイメージです）」、こう思いながら仕事してます。

湿度が高くジメジメした日なんかは、もし自分が椎茸やシダ類の植物だったら、最高に快適で過ごしやすくてたまらないんだろうなぁ〜。しかも、身長も２〜３cm伸びて憧れの１７５cmになってるのかぁ〜（中１の時なぜ１７５cmに憧れたのか、なぜ憧れるなら１８０cmじゃなかったのか今では謎です）。

この湿度、自分が焼売（シュウマイ）や小籠包（ショウロンポウ）や肉まんだったら最高な状態なんだろなぁ。ちょいと、どなたかカラシと酢醤油お願いしま〜す。

それこそ、うだるような夏の太陽の下、歩いてる時なんかは、自分がメキシコのサボテンだったら夏のギラギラした陽射しは最高でしょうから、ほんの気持ちサボテンになりきれたならば、「さようなら、夏のタメ息&日焼け止めスプレー」。

突然の雨の時なんか、生意気に軽めの舌打ちもしたくなりますが、あ〜、自分が日本庭園のカラッカラなコケだったら、全身ビッショ濡れも喜んでるんでしょう。

海外ロケでも苦手なパクチーを食べなきゃいけない状況の時、この苦手な者からしたら、つんモア〜とした香りも自分がタイ人で作ってくれた人が、小泉今日子さん、鈴木京香さん、アン・ハサウェイ似の褐色のタイ美人だったら……と思い込んだだけで、もう猛烈にバクバク。あんなに苦手なパクチーも今日から主食です。タイに生えてるパクチー全ておかわり下さい。

でも、この魔法も冷房の効いた場所で大好きなカツカレーを目の前にすると、椎茸やシダ類、サボテンだったらカツカレー食べれないんだなぁ〜と思い、あっさり解けてしまいます。しかし、都合いい自分は、夏に太陽に向かって時折舌打ちしていたのに、冬には暖かい太陽を探します。夏の太陽には呼び捨て、冬の太陽には「さん」付けで……。太陽さん、ぺっこり深々87度。いつまでもお元気で。

16

ぺっこりの理由

50歳になった今も、
事あるごとに
ぺっこりしています。

「バラされる」という言い方をするのですが、テレビなどの仕事の仮押さえをキャンセルされることが多々あります。お声をかけていただけるだけでもありがたいんですが、バラしになると軽くガクッと、いや今強がりました。おいしいカレーのルーが完成して炊飯ジャーを開けたら、炊き込みごはんだったくらいガクッときますね。

オンエアを見た時に、「ここに入れなかったのかぁ」「こういうカラーじゃないんだな～」「こういうのができないと思われたんだな～」って参考になります。……って、また強がりましたね。やっぱり出ていたら……と思うんでしょう。

10年くらい前に聞いた話では、出川哲朗(でがわてつろう)さんは1ヶ月先までスケジュールがビッシリ埋まってて「すごいですね～」と言ったら、「これが3分の1くらいになるんだよ」って。「キャンセル料ほしいですね」「1週間切ったら100%みたいにさ」と、ひとしきり盛り上がりました。2年に一度くらい、つまり滅多にはないんですが、あんなにテレビに出たいって言ってこれまで生きてきたのに、「出ればいいってもんじゃないなぁ……」と思うときもあります。

打ち合わせの時からずっと疑問だらけだった収録が、あららららって感じで、こちらも詰めきれず……。あららら、そうなるとオンエア見たら、あららら……炊き込みごはんにカレージャバ〜〜。

そういうときに限って出川さんが見ていて、「どうしちゃったのあれ?」と。これこれこうで、と説明すると、「飯尾くんさ、なんで打ち合わせの段階で言わないの?」とめずらしく強い口調で言われます。中途半端にやると番組も自分も損をする。出川さんならきっと途中で打ち合わせを止めて、もっと面白くできるでしょうし、そういう姿勢は見習わなくちゃいけないなと思ってからは、「?」と疑問を感じたら、静かに挙手する感じでお伺いをたてています。

自分は商売人の孫で、親戚も商売をしていますし、それを見て育ってきたからかもしれませんが、タクシーに乗って1万円しかないときは「大きくてすみません」と言いますし、タクシー待ちの行列に並んで乗車したときは「近場ですみません」と一声かけます。ファミレスで打ち合わせをすることになって、お茶だけのときはランチタイムとディナータイムは避けます。お店のかき入れ時じゃないですか。

ロケのときは周囲の通行人に「お騒がせしてすみません〜」と声をかけます。実際、通行をまたげてしまっていることもありますし、頭を下げることで、円滑に行くことも多いんです。新幹線の座席を倒すときは、もちろん後ろの人に声をかけます。自分で席を選ぶときは前後に人がいない席がベスト。気兼ねなく席をめいっぱい倒せますから。

若い頃、自転車を撤去された時は管理人さんに頭を下げましたね。大井町駅前で撤去された自転車は八潮に保管されます。連続して撤去されると顔を覚えられて「また君か」「へへ、すいません」という雰囲気になるんですが、あるとき真顔で「なんで撤去するかというとね、いざというときに緊急車両が通れないからなんだよ」と言われた時は、「本当にすいません！」とすごい勢いで頭を下げました。

50歳になった今も、事あるごとにぺっこりしています。

新幹線でおしぼりを2個もらう時は「よくこぼすんで……」と言い訳しながら頭を下げます。マクドナルドでチキンマックナゲットを頼んでソースを聞かれて「バーベキューとマスタードの両方」と答える時もずっと頭を下げています。もしかしたら、水飲み鳥より早いペースで頭を下げているかもしれません。

17

やっちゃやった！の繰り返し

タクシーに
乗れるだけで、
バラ色の気分だった
はずなのに。

親父の実家が滋賀県で、毎年夏休みに行ってまして、恒例行事は実家から福井県の海に遊びに行くことでした（飯尾家のハワイは福井県の海でした）。

ある年、夏休み明けにある学校の水泳検定の課題の苦手な背泳ぎを練習し始めると、「あらっ」と思うぐらいスイスイ泳げるのです。小学校のプールではひとかきするたびに、ポンコツ潜水艦のように入水していたのに……そうです、海水はよく浮くのです。自転車に補助輪をつけてもらっているようなもんですョ。

しかし、すべて自分の力と勘違い、そして夏休みの嬉しさも手伝って、調子にのった自分はどこまでいけるのかなぁ～と背泳ぎの練習をしていたら、どうやら離岸流に流されてしまったんです。

どんどん陸が遠ざかっていくのが見えました。あらっと思った自分は、自身の中で一番得意なクロール（今現在のギャグで言えば、1歩、2歩、3歩目からメガネとデッドヒートでしょうか……）に切り替えて戻ろうとしたけど、焦って必死に腕をかいても体がぜんぜん進まないんです（今書いていて、20代の頃の生活を思い出しました。前に進まなかったな～。晴れた日の大井町、ギグレットにて）。

だんだん腕が疲れてきて、「もういいや」って全身の力を抜いたらブクブクブクって沈んで（実際は30㎝くらいしか沈んでなかったらしい。親父談……海水は浮きます）、水面がキラキラしているのが見えました。

「あぁ、キレイだな」と思ったのを覚えています。

次の瞬間、死にたくないと思ったんでしょうね。「腕ってこんなに動くもんなんだ」というくらい夢中で泳いで、気がついたら浅瀬に着いていました。海はナメちゃいけない、気をつけなくちゃと反省しました。ですから、今でも海に入るときは、豆腐屋さんが絹ごし豆腐を水からすくうぐらいに慎重ですョ。


つい先日もタクシーで帰宅途中、乗って10分くらい経ってちょうど半分くらいの距離あたりで、「遠いなぁ…まだか…」と思った瞬間に「はっ」と我に返り、今調子ぶっこいている大きい顔がタクシーの窓に映っている……その、映っている自分と目が合いました。しかも、夜間で軽く影が顔に入っているにもかかわらず、大きく映っている顔の自分と……。

昔は「タクシーで帰りな」って先輩に1万円札をもらったら、タクシーなんてもったいないからと、やすと一緒に1時間かけて歩いて帰って、帰りにそのお金で酒を飲んだことを思い出して、あ～あ……とカップ焼きそばの湯切りで麺を流しに落としたくらいに落胆します、自分自身に（ちなみに麺はその後、水で洗い、冷やしソース焼きそばとして本人がおいしくいただきました）。タクシーに乗れるだけでバラ色の気分だったはずなのに。

グリーン車を用意してもらったのに、「こだまか～。アイスコーヒーが売ってないんだよな」と思っちゃう自分もイヤですね。買おうと思えば、通過待ちの駅でコーヒーを買えるし、昔は東海道線で行ってたくせにって話ですよ。ＪＲさん、ありがとう。

「そうだ、藤沢に行こう……」。

今朝なんて、ひげそりで剃り負けしちゃって悪態をついたことを反省しました。3枚歯で3枚がかりでやってもらってるのにね。タレントひとりにマネージャー、スタイリストさん、メイクさんの3人がかりと一緒ですよって、大女優じゃないですか。

ひどい風邪をひいてから、家に帰ったら手をよく洗うようにしていますし、酒で失敗してから深酒をすることもなくなりました。コンビニのトイレに財布を忘れたことがあるので、用を足すときは財布をずっと見つめています。

17

やっちゃった！の繰り返し

マネージャーも反省を活かしてくれています。

以前は「ちょっと話があります」と言われるたびに、どんな話なのかドキドキしちゃってたんですが、それを伝えてから今のマネージャーは「いいお話があります」「残念なお知らせがあります」と最初に言ってくれるので、気持ちの準備ができます。

……と言いながらも、最高に嬉しい仕事の依頼があったのに、「○○の仕事のオファーが来ましたけど、スケジュールの都合で残念ながらお断りしました」と伝えられると、「そうか残念だな。そんな最高の仕事が来るってことは励みになるよ……」とカッコつけて余裕を見せつつ、心中は3歳児だったら親があきれるほど泣いてるよ〜神様!! 良かった、おっさんで。

冷たいプールに入る前に準備体操をするのと同じです。ビックリして死んじゃったらどうするんです。それだけ、しょうゆ皿並みに気が小さいんですかね。

プライバシー保護

プライバシー解除

お笑い編

18

何よりも恐れている業界病

バーターで呼ばれることの
嫉妬？ そんなもん、
キャイ～ンと関根さんの
舞台を観に行ったら
銀河系のハジまで
ぶっ飛びました!!

人をなんて呼ぶかで、その人の個性が出ますよね。
キャイ～ンの天野ひろゆきは「飯尾っち」。
ウドは「飯尾さん」。
関根さんは「飯尾」。
やすは「相方」あるいは「飯尾っち」（無理があって気持ち悪いけど）。

自分は見た目が単純な顔で（お絵描き歌にしたら、曲が12～13秒で終わるんじゃないかなぁ……）、しかも、「いいお」という珍しい名字で。だから、「飯尾」と呼ばれるのが8割ですかね。とんねるずのタカさんが、時々「ぺっこり先生」と呼んでくれますけど。

いろいろなお仕事をいただくようになると、「飯尾」から「飯尾ちゃ～ん」と言い出す調子のいい人が現れたりするんです（出現率5％）。これが冗談じゃなくて本当に、コント「業界人」みたいに。そういうのを見るたび、「あ～、芸能界っぽいな」「業界に憧れが強いんだなぁ～」って思いますね。

自分が何よりも恐れているのは「業界病」です。

ノリやキャラクター、冗談ではなく、どっぷりと浸かって、しかも浮いちゃって、それを周りが笑えない……。もう笑えないってことは鼻につく、つくってことは、似合ってない……ってことは、もう悲惨ですョ。ただ黙然として天才のそばに居るだけで、自分も「時代創りました」顔。宅急便の方は、商品を安全に確実にプロフェッショナルにお届けしている。そして、その宅急便の方が届けた美味しい梨を自分も作りました顔、ノリはしてこないですよネ。

でもね、自分を過大評価している人がいるんですよ。

いろんな立場で、中にはまれに偉そうな人がいるんです。ちがうよ、あなたが偉いんじゃないよ。あなたのその奥にある番組やタレントさん、俳優さん、芸人さんと仕事がしたいんだよって。文字通り、踏ん反り返っている人もいますからね。みなさんはあなたに頭を下げてるんじゃないよって思います。

自分はそうなりたくないし、そうならないように時折、太ももをツネって気をつけてます。でも、みなさん御安心~!! 私、飯尾和樹は調子にのっても、スベったら0・01秒で新人気分へ。

18

何よりも恐れている業界病

20代の頃は、仕事がなくて毎日寝てばかりいました。仕事がないから起きる必要がないんで、ほぼ冬眠状態です。なんてったって、床ずれするぐらい寝てましたからね。床ずれしすぎて、つける背中がなくなっちゃって起きあがったくらい、冬だけじゃなく、春も夏も秋も……冬眠って表現はおかしいくらいに。

そんな自分たちが、たまにキャイ～ンの現場に呼ばれてついていくと、「なんだ、あの人、感じ悪いな」って思うスタッフがたまにいるんです。天野がそっと「あの人、ちょっと癖あんだよな」って教えてくれる。そういう人は、だいたい3年後にはいなくなってる。やっぱりそうなんだよな～って思ってました。

当時の数少ない仕事はキャイ～ンと一緒のことが多かった。バーター的な意味合いもあったのかな。20代の頃、自分たちのコンビにつけたキャッチフレーズが「キャイ～ンと同期」「キャイ～ンの友達」でしたから。

いつも一緒にいたし、本当に仲が良かったから、実際にスタッフさんの中にはそういう覚え方をしていた人もいたと思います。そういった意味じゃ、本来「こいつら○

○○○が面白くて」の○○○○○の部分がないって……(涙)。でも、覚えてもらえてよかった！……こうなったらスーパーポジティブでいきましょう。この考えも関根さんに教わったな……。関根さ～ん、ゴルフに行って笑いたいです！

キャイ～ンと一緒にいるのは楽しかったですね。気のいいやつらだし、彼らが売れていくのは嬉しかったですよ。まぁ、最初は「70人くらいのお客さんの前で3分ネタをやる」みたいな同じ条件でスタートして、先にバーンと行っちゃったから、やっかみようがないです。

バーターで呼ばれることの嫉妬？　そんなもん、ないですよ。

例えるならば、自分たちは100円しか持ってないのに、一緒にいると1000円の定食が食べられる。他の人が900円も出してくれるんだから、それに文句を言う奴はいないいんじゃないいんですかね。

それに、あの二人は昔からなんにも変わらないいんです。

かれこれ28年の付き合いになります。時には厳しいことも言いますよ。あんな短い脚なのに、一時期、天野がズボンをブーツインしていた時には、思わず「おい、足なくなっちゃうよ」と指摘しましたからね。「へへっ」と笑ってごまかしてたなぁ……。

自分みたいな公務員のせがれ顔が近くにいたから、現場マネージャーだと思ってた人もいましたョ。実際、スタッフにキャイ〜ンのスケジュールを聞かれたことも。「すみませ〜ん。来週はウリナリで地方なんです〜」と返事しておきました。本当にスケジュールを把握するくらい一緒にいましたね。特にウドとは。

18

何よりも恐れている業界病

しかし、タレントにとって、ずっと一緒にいるマネージャーの存在は大きいもんです。事務所でチーフをやっているのが自分たちの初代のマネージャー。今のマネージャーさんで4人目になります。

現マネージャーさんはとても優秀で、さらにお笑いがすごく好きで、バラエティよりも「THEお笑い」という感じの番組のオファーがくると、大喜びしてくれます。

いつもちゃんと現場で見てくれていて、終わったあとには評価をしてくれる。

「今日は何点だった？」

「80点ですね」

そう言ってくれるときは、だいたい65点なんです。気づかいも入ってますから。

……ということは53点くらいか!?「ああ、やっぱりダメだったか」って……。帰り道の車の窓から見える首都高の街路灯が、季節はずれのホタルの光に見えるんです。本日は、どっちの水もに～がいよ♪

とある現場で自分なりに手応えがあって、「どうだった?」って聞いたら、「早口ですね」と言われて凹んだこともあったなぁ。致命的なダメ出しですからね。でも、はっきり言ってくれるほうがいいと思っているんです。

終わったあとに相方のやすとマネージャーが高い評価をしてくれると、やはり嬉しいものです。すぐにオンエアの日をチェックして、実際にテレビの前に座って見たりしますから。

相方のやすとマネージャーのひと言で、自分の気分は簡単に上がったり下がったりします。おそらく一番そばにいる人だし、褒められたいという思いはどこかにあるんです。

同業者に褒められるのは最高に嬉しいものです。たとえば仕事のあとに打ち上げがあって、そこで先輩や同業者の人に褒められると、嬉々として、今ならMJ、そうマイケル・ジャクソンになれるってくらいステップを踏みたくなっちゃいますね。……

18

何よりも恐れている業界病

いや、実際に無意識でテーブルの下でムーンウォーク……。打ち上げのテーブルの下を見れば、本日の飯尾のデキばえがわかるかもです。ポー!!

仕事のあとの飲み会はいろんな本音が聞ける場なんですが、芸人同士だと、やはり褒めてくれることが多いと思うんです。みんなで互いに「面白かったなぁ」って言い合ってます。

中でも関根さんは、どんな現場でも、どんな舞台でも、いつでもどこでも、何か探して褒めてくれる人なんですけど、ある日の収録のあとに、「飯尾、この前の観たよ。紺のスーツがとても良かったよ」って言われた時は、「あぁ、他に褒めるところがなかったんだな……」って反省しました。紺なんて誰でも似合う色じゃないですか。それが数年前のこと。

でも、スーツの色で迷ったら紺色を買いますから……、関根さん今後もよろしくお願いします。

19

芸人は食えない世界である

ファッションのNG？
タンクトップは
NGにしています。

服はどっちかといえば好きなのかな？　でも、元メジャーリーガーの野茂英雄さん（同い年）のすごさを語れるほどじゃありません。そして、雑誌に載っているハイブランドの新作の良さにピンとこないし、あれは高身長で手足も長いスーパーモデルさんが着るから絵になるけど、自分が上半身シャツ、ネクタイ、チェックのジャケットで、急に下から短パンのハイソックスにローファーで目元に小さいサングラス……そんな格好をしたら、家を出て5分以内に職質ですョ。

最寄りの駅には、無事に着かないでしょうね。カバンの中の手帳をチェックされて、「なんですか？　このぱっくりピスタ〜チオって？」なんて質問に「ギャグです」と頬を赤らめることでしょう。

仮に『情熱大陸』で「飯尾さんにとって、ファッションとは？」と聞かれたら、「…………」と返せずに終わり、放送事故になるでしょう。つまり、ファッションは語れるほどじゃないです。『アメトーーク！』のファッション大好き芸人があっても出れないです、結局。

着る洋服はあまり気にしないほうだと思っていますが、時々「おしゃれですね」と言っていただくこともあるんです。下着以外、スタイリストさんの力です。

そうです、テレビに出る時はスタイリストさんが用意した服を着ているからそう見えるんでしょう。昔からずっとお世話になっているスタイリストさんに見立ててもらっているんですが、その方はキャイ～ンも見ていて、自分が年齢や見かけの割に若い印象を与えるのだとしたら、スタイリストの繁田さんの力が大きいと思っています。

ウケた日に着ていた衣装は買い取ったりします。いわゆるゲン担ぎです。

ファッションのNG？　タンクトップはNGにしています。自分が着ると、タンクトップが肌着になるのです。飯尾マジック！　タンクトップが持っている本来のよさを下げるという、矢沢永吉さんのタオルに飯尾のサインを書くみたいなもんです。それにしても、矢沢永吉さんって本能の人というか、ぶっ飛んでいてスゴいというか、カッコいいですよね。矢沢さんが信号のない道を渡ろうと手を上げたら、音楽がバチーンと鳴りそうなパワーがありますね。

10年くらい前かな。後輩30人くらいと一緒に飲んでいたんですね。たしか、お笑いライブの打ち上げで、季節は冬だったと思います。

19

芸人は食えない世界である

他の座敷ではサラリーマンの方々が忘年会で盛り上がっていて、その一方で、こちらは「今月のギャラは2万ですよ」「俺は5万」「僕3万です！」と給料の話をしていました。好きなことってなかなかお金にならない。芸人は特に……。

自分は途中でトイレに行きたくなった。隣の部屋はサラリーマンの集団のようです。ふと下駄箱を見ると、革靴だヒールだって、ピシッとした靴がずらっと並んでいるわけです。この靴を毎日履いて、スーツ着て通勤してんだなぁって。

かたや、自分たちの下駄箱には、ラフなサンダルとスニーカーだけ。スニーカーなんて、中にはドロドロに汚れているのもあったり、かかとを踏んでるわで、「俺たちが食えたり食えなかったりは当たり前だなぁ〜」と思いました。

隣の皆様はあんなに硬くて立派な靴を履いて仕事をしている。暑い日でも、ちゃんとスーツを着て、朝6時に起きて、家を出る。

俺たちは楽な靴を履いて、昼に起きて、金がないって笑いながら酒を飲んでいる。なんて自分勝手な人生なんだろうと。

「俺たちは食えなくて当たり前だ。愚痴んじゃないよ」って。

みんなポカーンとしてましたね。

昔から、自分には規則正しい生活はできないと思って生きてきました。たとえば地方の営業がある日は、朝早くから家を出て、羽田空港に向かうんですが、朝のラッシュに毎日揉まれるってすごいことだなぁと。

自分はそんな光景を見るたび、頭が下がります。こういう人たちが、日本を支えている。本当にすごいなって。だってね、お笑いは社会から必要とされる順番でいったら、一番最後じゃないですか。屋根があって、ごはんがあって、いろいろあって、生活が満ち足りて安定して、ようやくお笑いの出番がやってくる。

あるとき、さんまさんが「この世界、食えなくて当たり前だからなぁ～」と言ったことがあるんです。あの、さんま師匠がですよ。

収録のあとに飲んでいたら、そこそこ売れている後輩芸人の話になったんです。彼らが「たまにバイトしています」と言ったらしくて、「まだやってんのか。まぁ、この世界は食えなくて当たり前やからな」って。

その時、一気に酔いが覚めましたね。こんなトップオブトップの人でも、この世界は食えなくて当たり前と腹をくくっているんだなって。

その日は酔いが全然回らなかったですね……。だから岩井ジョニ男さんともう一軒、初めて入った間接照明がおしゃれな店で飲んでいると、マスターが「今週いっぱいで閉めるんです」と、また酔いが回らない感じに……。そこで出たジョニ男さんの精一杯の返しが「いい日旅立ちですね」……見つめ合うマスターとジョニ男さん。なぜか酔いが回りました……ってジョニ男さん！　あんたはすごいョ！

昔、仕事がなかった時は、おせんべいが好きなんで、ウドからもらった地方ロケのお土産のえびせんをかじって北海道の形を作ったりしていました。とにかく時間はあったから。

何を考えていたんでしょうね。えびせんで47都道府県を作って日本地図でも作ろうとしてたんじゃないかな。ちなみに、北海道が一番上手にできました。大きいから作りやすかったんですかね。一番苦労したのが滋賀県で、びわ湖の部分が……って、もういいですね。

今になって思い出すと、意外とその日その日を楽しんでいたような気もするんです。

時間があったら、いつでも笑いのことを考えていました。

「あ、これ面白いな。ネタにしよう」とか。でも、「このカツカレーうまいな」とか、のんきに思っていたりもして。


若手の頃は、とにかく時間があるから、レンタルで借りた映画ばかり見ていました。自分が住んでいたのは、親族が残した都内の一戸建ての家で、そこに家賃が払えなくなった後輩や、さびしいだけの後輩たちと4年間ぐらい5人で住んでいました。時間があるから映画館に行きまくって、レンタルビデオもたくさん借りました。

映画館も行き過ぎて見るものがなくなり、前髪があったころのやすと、子豚の『ベイブ』を3回も見ましたから。そのあと、トンカツを食べている自分たちはなんて残酷なんだろうと。

「こうやったら売れるはず」という理想や道筋なんか見えていなかったんでしょうね。とにかく目の前のお客さんを笑わせるしかないと思っていたんです。


以前、組んでいたのは、「Ｌａおかき」というコンビでしたが、当時はどんなネタをやってたのかな……。天ぷら屋さんに道場破りがきて、「おれを揚げてくれ」とか、飛び出す絵本というネタでは最後に本人が飛び出したり。相方の村山くんとネタを作っていた時は互いに大爆笑だったんですけどね。

当時からツッコミでしたけど、あるときお笑い番組のディレクターに、「飯尾は、ツッコミじゃなくてボケを重ねてるだけだ」と言われたことがあったんです。相方がボケたあとに、自分の指をなめて、「おや、風向きが変わってきたぞ」と言ってみたりして。それがツッコミなのか、そうじゃないのか。もしかすると、今の原点かもしれないですよね。

20

戦友みたいな存在

今のADを大事にして
偉くなってもらう
しかないですよね。

若い人の中には研究熱心ですごいと思う人もいます。「同期のあいつはこういうタイプだから」と分析して、さらに「だから自分たちはこうやろう」と戦略を立てる。すごいなぁと思います。

自分なんかは、ただただお笑いが好きなだけだから、芸人さんが面白いことを言うと、「よくそんな面白いことを思いつくなぁ」と感心しちゃうんです。番組の収録で後ろに座っていたダイアンの津田が炸裂したときにはあまりに面白いから、後ろにいる津田を指さしながら大笑いして、カメラにお尻を向けちゃって怒られたこともありました。

面白い人のお笑いは中毒性がありますもんね。だから相方とよく話します。「なあ、こんなネタ作ったんだけど、どこかで見たことあるかな?」

面白い人たちの影響を知らずに受けて、無意識でパクっちゃうのが怖かったんです。若い頃、とんねるずさんの『みなさんのおかげです』、ダウンタウンさんの『ごっつええ感じ』、ウンナンさんのコントなんて、面白すぎてリアルタイムで見れませんでした。だって、絶対に影響を受け過ぎて染まっちゃうのがわかってましたから。だから、いつも録画して1~2ヶ月分をためて、ウドと家飲みの時に一気見していました。

あの当時の若手で影響を受けなかった人はいないと思います。さまぁ～ずさんがバカルディのときには、すでにライブのネタ見せ会場では「～かよ」という三村マサカズさんばりのツッコミと大竹一樹さんのひょうひょうとした空気感を醸し出す人が大量発生してました。

自分の真似する人？　なかなか、いないなぁ。モノマネでガリベンズの矢野くんがやってくれているけど、自分より滑舌が良くてキレがある（笑）。矢野くん、ありがとう（飯尾家一同より）。

自分の笑いは、ちょっと気の抜けたところがいいんだって、以前、関根さんが言ってくれたことがあります。相手が打ち気満々でバッターボックスに立っているのに、本気で投げているように見えないらしくて。でも、自分は外している気はなくて、渾身のストレートを投げているつもりなんですけど、ただのすっぽぬけに見えるんでしょうね。……誰か、お笑いのロージンバッグください！　スベり止めを！

自分はただただ、同じ世代の地蔵みたいな顔をした相方と一緒に、自分たちが面白かったことをネタにして、現場でやるしかないんですョ。

戦友みたいな存在

売れるためには、いろんな道があります。「M－1」「R－1」「キングオブコント」など、いろんな大会がありますけど、そこで結果を残した人たちは、人生を変える華麗なダンクシュートを決めてきたわけです。

でも、自分たちはそうじゃない。今、仕事ができてるのか……宇宙の話をするよりハテしないですョ。でも、ひとつ言えるのは、キャイ～ンをはじめ、他の同期の芸人や、当時AD（アシスタントディレクター）だった子たちが出世してくれたというのは大きいと思います。

一緒にやってきた人たちが、気がつけばP（プロデューサー）になって、わざわざロケ先に挨拶に来てくれるんです。「飯尾さんご無沙汰しています。やっとキャスティングできるようになりました」と言ってくれたときは嬉しかったですね。「それが俺でいいのかな」って思ってしまいましたけど。

若い頃は長丁場でキツいロケも多かったから、当時はよくADさんと話してました。真冬の過酷なロケなんて、体力も気力もボロボロになるくらいツラかったから、言うなれば彼らは〝戦友〟みたいなもんですかね。……一方的にこちらが思ってるだけか？

昔はキャイ〜ンに、そして今はかつてのＡＤに仕事をもらうことも多い。自分の好きな言葉、「他力本願」を実践しているんです。自分がゴロゴロしてる間に、ＡＤの子が踏ん張って仕事を任せられるようになって、チーフＡＤ、ディレクター、プロデューサーになって……。人の力だなぁ。

自分の人生がガラッと変わったのは、２００１年に『笑っていいとも！』のレギュラーになったことだと思うんです。「いいとも！」のプロデューサーさんが関根さんの舞台を見に来ていて、そこに出ていた自分を気に入ってくれたみたいで、いきなり大舞台に立つことになりました。

それまで無名だった自分が抜擢されたことで、放送後はちょっとした騒ぎになったみたいです。「あいつは誰だ？」ってことに当然なりまして、そりゃ、そうだよな〜。『笑っていいとも！』は１時に生放送が終わると、そのあとに日曜日に放送される「増刊号」の収録がありました。

局アナが自分のところに来て、視聴者からの質問を読み上げます。

20

戦友みたいな存在

「飯尾さんって何をやってる人なんですか？」

自分は思わず、感心してしまったんです。見たことのない癖っ毛の男が突然レギュラーで出てきたら、テレビの前の人はそりゃそう思うだろうなって。なんて的確な質問だろうと思った自分は、その後の池上彰さんよりも早く「いい質問ですね！」と言いました。そしたら、これまでに感じたことのないほど、ドッカンとウケましたね。お客さん全員の気持ちだったんでしょう。的を射るとはこういうことか……。

同じ曜日のレギュラーだった関根さんは、収録後にすぐに褒めてくれました。

「飯尾、さっきの切り返しよかったな！」って。

自分としては何げない会話のつもりだったんですけど、それは大きな自信になりましたね。

いいともでは、藤井隆くんや元ＳＭＡＰの草彅剛くんが優しかったことを覚えています。藤井くんは、勝手のわからない自分がぼーっと立っていると、ＣＭ中に近くに来てそっと次のコーナーの立ち位置を教えてくれたり……。まるで素人がハガキで当たってそこに居るような自分に（そんな藤井くんとは、昨日飲みました。旨かったアジフライ）。

レギュラーで全国放送に出たのは初めてでした。なんといっても、そのジャンルで一流の人が出る番組ですから、影響力は大きかった。街で声をかけられることも多くなりました。アルタから初台のおやじさんの床屋まで歩いて行こうかなと思ったら、3人連続で「握手してください」と言われたこともあって、すごくびっくりしました。さらに、15分ほど歩いたら、またトントンと肩を叩かれたんです。自分はすっかり、また握手だと思い、右手を握手の形にして振り向いたらおばさんがこう言いました。

「あんた、靴紐がほどけてる。危ないわよ」

いいともだって関根さんのバーターで選ばれたようなもんです。つい先日までまったくの無名だった自分が、「はいはい。また握手ね」と思ってしまったんです。もう天狗になってしまったのかと思うと、本当に恥ずかしくて。きっとその時の自分は、嫌な顔をしていたんだろうなぁ。その日のデキだって40点の自分が……。

アディダスのスニーカーの紐をキュッときつく縛りなおして頭をぺっこり下げました。「ありがとうございます」って。そして、誰か教えてください。勘違いをして握手の形にした右手の戻し方を……。

21

花占いの結果はススキ

こんなおっさんと
写真を撮って、
テンションがあがるなら
「いくらでもどうぞ」。

以前組んでいた「Ｌａおかき」というコンビ名は、当時の相方だった村山くんと考えました。「〝おかき〟ならみんな好きだし、知ってるでしょう」。すると「おかきだけだとインパクトがないから、〝Ｌａ〟をつけましょう」と村山くんが言いました。「Ｌａおかき」。なんだかフランス語っぽくていいじゃないかと大いに盛り上がってしまって、そのままコンビ名になりました。でも後にこの「Ｌａ」の使い方はスペイン語だったみたいで、芸名を、サンジェルマン飯尾、エスカルゴ村山にしなくて良かった……イヤ助かりました。

『笑っていいとも！』で東野幸治さんとお会いした時に、「飯尾くんは昔はなにやってたの？　え、Ｌａおかき！　知ってる、覚えてる」って。若い芸人がたくさん集められた企画に呼ばれたとき、東野さんもいらっしゃって、自分はただの若手の一人でしたけど、コンビ名のおかげで自分たちのことを覚えてくれていたんです。「おかき」だけじゃそうはならなかったでしょう。「Ｌａ」をつけた村山くんのセンスに脱帽ですよね。今でも村山くんがＩＰＰＯＮグランプリに出たら……どんな答えを出すのかと思います。彼の発想は、周りにはなかったです。彼は今、大好きなアイドルなどのイベントの企画・構成をしてます……楽しそうに。

21

花占いの結果はススキ

その後、村山くんの際立ったキャラのおかげでテレビにもちょこちょこ出させてもらい、そこでロンブー、ココリコ、TIMさんたちと出会えたり、ウンナンさんと初めてお仕事させていただいたのも、関根さんの舞台カンコンキンシアターに出させていただいたのも「Laおかき」のおかげでしたが、6年目の春の仕事終わりに、多摩川の土手で村山くんに「芸人としての夢よりも、大好きなアイドルの作家になりたいんです」と丁寧に言われて解散しました。

そして、ピンになってすぐにキャイ〜ンの天野から「Laおかきだったから、Laピン太郎はどう?」と言われ、「良いね〜」と思い1人コントをやってましたが、「Laポツン」という感じで、というよりも、「Laピン太郎」に名前負けしまして、飯尾和樹に戻しました……。解散してからの半年は、村山くんのありがたみを痛感しました……。すみません。またカッコつけました。〝2年間は〟です。村ちゃーん!!

そして、その頃から地蔵顔のやすとコンビを組むことになり、コンビ名を考えていたときは、今からは想像がつかないかもしれませんが、やすがとってもギラギラしていたんですよ（頭はキラキラしかけてました）。彼はもともと「へーシンク」というコンビを組んでいたんですけど、売れかけていたのにコンビを解散したりしていたからか、すごく上を見ていたんでしょうね。

コンビ名の会議のときも、彼はノート2ページ分ビッシリ30個くらい候補を考えてきました。筆圧もかなり強めの文字で（そりゃ「売れかけた」という自負がありますから）。「百合の紋章」「リリーズ」「けものみち」「いぬみち」「ガッツマン」「かざ突」「犬道」などなど。猛々しいでしょう。その頃、やすはＤｒａｇｏｎ Ａｓｈさんばかり聞いていたんですよ。リンスとリンスが組んだコンビが「百合の紋章」ってどういうこと!?

でも、「必死すぎて笑えないよ」って言ったら、やすのギラギラが消えてしまうから、「これは、やすの中でとても大事な部分だからさ、使うのはいつかの日にとっておこう」と説得しました。

自分が考えていたのが「ずん」と「パプリカ」だったかな。「ずんってどう？」と聞いたら、いいじゃないかって。口に出して言いやすいようで、結果的に、まぁまぁみなさんが覚えてくれました。自分の名前を「ずん」だと思っている人もいて、ロケに行くと「ずんさん」と言われることも多いですね。「ずん」は外国人でも言いやすいらしくて、海外ロケに行ったときは、ずっと「ズ～ン！」って言われていました。

21

花占いの結果はススキ

当時、自分の仕事はキャイ〜ンのラジオが週1本、関根さんの舞台が年1回（10日間）と貴重な2本、やすは解散したてでゼロ。そんな中、やすから「話がある」と言われました。やすのアパートに行ってみると、後輩の荒賀（現在、清掃会社経営）とやすが飲んでいて、「あ、飯尾さーん、ビールですか」と明るく迎えてくれた荒ちゃんとは対象的に、難しい顔をしているやすが、「これから二人でやるにあたって思うんですが……二人同じ気持ちでスタートするために、全部仕事を降りてお互いゼロからスタートしませんか」と。

自分は「え？　いや、やす、その2つは大事な仕事だし、もしかしたらネタ見せてよとかチャンスが来て、関根さんとキャイ〜ンのラジオでネタ見せられるかもよ。ここは大事だョ」と説明しました。

しかし、地蔵フェイスだけではなく、石像ばりに硬い頑固な部分を持つやすは「それだったらできません……」のひと言。

こりゃ熱くなってるなと思い、「じゃあ、やす、一週間考えて答えを出してくれよ」と言い、やすの部屋を出て途中の公園で7〜8分考えて自分が出した答えが「こんなところでつまずくのはダメだ、めんどうくさいなぁ〜。組むのやめよ」でした。

そうしたら急に自分の中で火が点いて（31歳で遅いョ!!）ピンネタを作ろうと思い、コンビニでノートを3冊買って家に帰り、シュークリームをひと口（すぐやれよ！火が点いたってとろ火？）食べたところで電話が鳴りました。相手は、やすの部屋にいた荒ちゃんこと荒賀。

「飯尾さん、やすさんは頭が熱くなって、あんな感じになってますが、二人は絶対に組んだ方が良いので、自分がやすさんを説得しますから！」と言ってくれて、「そう、わかったよ、ワルいね」と電話を切って30分後、やすから電話が来て、「先ほどは、すみません。よろしくお願いします」……って早！

それにしても荒ちゃん、あの頑固になったやすをどうやって溶かしたんだろう？

後日、やすに聞いたら、おもいっきり頭にゲンコツをもらったらしい……。何それ？

とにかく荒ちゃんありがとう!!


ある日『アメトーーク！』に呼んでいただいた時に、絵を描いてくださいと言われ、「微炭酸太郎」というのを描いたんです。そうしたら、心理学者の先生が「あなたは

21

花占いの結果はススキ

周りの人に恵まれている」。そして、「誰かがいないと生きていけない人だ」と断言されました。ピン太郎のときはひとりでしたけど、じいちゃんが残してくれた一軒家に、ピン芸人の後輩たちが居候していたので、家に帰ればいつも誰かがいて寂しくはありませんでした。

安いアパートで必死に歯を食いしばって頑張った、というような苦労エピソードがあったほうがいいんでしょうが、自分はホットプレート付きの一軒家で後輩たちと呑気に5人暮らし、家呑みをしているとシメは決まって荒ちゃんが作る真夜中のマヨネーズ入りの味が濃いめのソース焼きそば。体は正直なもので、全員太りました。それはまるで、休場中の関取の生活（スケジュールは全員ちゃんこ当番でした）……でもおいしかった。

キャイ～ンの番組で花占いの先生に見てもらった時は、「飯尾さんはススキね」と言われました。「ススキ……って花咲かないですョ。花占いなのに～先生！」と思わず突っ込んだら、「何を言ってるの、ススキがないとお月見できないのよ」と笑われました。「そうか、俺はお団子の脇役なのか」。そういえば、少年野球でも副キャプテン、理由はチームでたった一人の左利きだから……って監督〜!! 高校のバレーボール部時代も副キャプテン、理由は3年生が3人しかいなかったから。に〜ん〜ず〜う〜問題? まぁまぁ〜。

さんまさんの名言「生きてるだけでまるもうけ」ならぬ「生えてるだけでまるもうけ」か。と納得していたら、「富士山の麓とかで夕暮れや月明かりでキラキラ光ったススキはすごくきれいでしょう」と。

え〜、つまり自分は誰かや何かがないと輝けない? ちょっと待ってください。これでも自分……、イヤ花占いのおっしゃる通りでした。いっちょまえに食いつき、そして本の行も無駄に費(ついや)してすみませ〜ん!

それでも時々、「あっ」と気がついて、自分なんかに声をかけてくれる奇特な方もいるんです。「嵐」の二宮和也(にのみやかずなり)くんだったら、誰かに気づかれた瞬間、周囲にあっという間に人だかりができてパニックになるんでしょうけど、「お〜、飯尾だ!」ってテンション高く寄ってくるものの、一緒に写真を撮ると、落ち着いて静かに現地集合現地解散です。

21

花占いの結果はススキ

写真もオーダーがあれば、時間が許す限り撮るようにしています。だってみなさん、こんなおっさんと写真を撮って、一瞬でもテンションがあがるなら「いくらでもどうぞ」ですよ。家に帰って奥さんや子どもに見せて、「ほら、飯尾だぞ！」と少しでも会話のきっかけになったりすれば……。もしくは、旅先で偶然に会って写真1枚「パシャ！」。でも帰宅後に旅行気分が抜ける頃、「なんだ、ただのメガネかけてるおっさんか……」と、消去ドラフト3位以内に入りますネ。

フジテレビがまだ曙橋にあった頃、テレビ局の廊下でとんねるずの木梨（きなし）憲武（のりたけ）さんとすれ違って、「背がデカいな〜」と思いました。さらにちょっと歩いたら、ダウンタウンさんがやってきました。自分はまだ24歳くらいで、ブラウン管の中でしか見たことなかった憧れの人とすれ違ったときの興奮は今でも覚えています。関根さんは事務所で、小堺さんはＴＢＳで、さんまさんは楽屋の前を通った時に楽屋から、あの「ヒャッハッハ〜」の笑い声が聞こえてきて……。

テレビの前で見ていた頃の気持ちって忘れられないんです。だから、番組で「おい飯尾！」と浜田さんに突っ込まれると、その場では楽しくてゲラゲラ笑っているんですけど、帰り道にしみじみと込み上げるものがあります。

さんまさんが「飯尾、正月はどうすんのや?」と気にかけてくれたこと。今田耕司さんとみんなで寿司を食べていること。東野さんと焼肉を食べていること。不意にノリタケさんから電話がきて、切ったあとに公園で缶コーヒーを飲みながら喜びを一人で嚙みしめたこと。正月にジョニ男さんと一緒にタモリさんの家で、タモリさんが作ったおでんを食べていることが、ふと不思議になるんです。

小学校では5~6時間も椅子に座って勉強することが苦痛で、家に帰って見るテレビが本当に楽しみでした。テレビの前でゲラゲラ笑って、この人たちはなんて楽しそうなんだろうって思っていました。そして、気がついたら自分がずっと憧れていた人たちと一緒にごはんを食べている。今でも夢じゃないかって思うんです。

でも、太ももをツネって確認する勇気はありません。もし痛くなかったら、え!? 夢!? さめたら、あのやすたち後輩と6人でガリガリ君の当たりを本気で願って本当に当たりが出て、その当たり棒を通帳と同じ引き出しに保管するくらい金欠だったあの頃だったらと思うと……。万が一痛くなかったら、奥歯をノー麻酔で抜くでしょう。

……そこまでか!?

22

甘える勇気

どうせ明日も
芸人やるんだから
考えるのやめよう。

仕事がイマイチだった時……、そう、スベった時、特に小学校時代の記憶がなくなるくらいにスベった時は、もうチワワの歩幅よりマイナス3㎝の歩幅でトボトボと、背中も許す限りの猫背になって帰ります。「あ〜あ……」なんてタメ息をつきながら、しかも、テレビのボリュームレベル8〜11って、まぁまぁ大きめのタメ息を。

20代の頃は特に一回スベったら、そのあとが怖くなってしまって何もできずに……終わってから「流れが来なかったなぁ〜」なんて言い訳を……って、どこの馬の骨かもわからない癖っ毛の顔デカめでいい年こいてカリフラワーが苦手な芸人に、流れなんか来やしませんよ！　オイ聞いてるか20代の自分！　しかし、そんな28歳の自分にいろいろと気づかせてくれたのがキャイ〜ンの二人でした。

Ｌａおかきが解散した直後、キャイ〜ンの二人がラジオに呼んでくれたときのことです。長方形のテーブルにウドと天野がマイクを挟んで向かい合った位置、自分はお誕生日席に座っていました。

こちらからは、ガラス越しにスタッフがよく見えるんですが、ウドがなにかを言っても、窓越しに見えるスタッフはピクリとも笑わないんです。自分はそれを見て不安になってしまいました。それでもウドは楽しそうで、もう一回ボケたけど、やはりス

22

甘える勇気

タッフには届かず。

今思うと、ハラハラしていたのは自分だけだったんでしょう。それでも懲りずにウドがボケたら、ドカンとウケたんです。

それを見たとき、ハッとしました。スベった、噛んだ、焦ったじゃなく、折れない心を持たないと、この世界ではやっていけないんだって痛感しました。それに気づいていたから、キャイ～ンは売れたんでしょう。


いろんな後悔があるとしたら、やはり「やらなかった後悔」が一番引きずります。何のためにこの仕事をしてるんだろうなんてところまで戻っちゃうからタチが悪い。

やっぱり、やらなかった後悔に勝るものはありません。マイケルジョーダンも「失敗は責めない。何もしない自分を責める」と言ってましたね……。今、そんな能力なんてひとつもないのに、「和樹、〝ジョーダンも〟って、なに世界的なカリスマと同じ目線で語ってるんだい」と天国の祖父母の声が聞こえました。おじいちゃ～ん、おばあちゃ～ん、そこは見逃して。

思い切りやってウケたときが、そりゃ一番気持ちいいに決まっています。

野球だったら、当てにいかず、全力で振ること。最後の打席だとして、後悔しないスイングができたらそれでいいじゃないですか。空振りしたって振り逃げがあるかもしれない。……これは8割以上、自分に言ってるな。自分なんてバッターボックスの端っこに立って、ファーボール狙いでなんとか塁に出ようと必死NOW……急に何!?だったらベース寄りに立って、デッドボールも狙いなョ……。でも、デッドボールは痛いんだよなぁ〜。

積極的に当たりにいくといえば、売れかけの頃の平成ノブシコブシの吉村はすごかったですね。ピースの綾部は仕切りもうまいのに、イロモネアでも自分からボケにいくし、カッコよかったな〜。

自分が思うに、芸人の格好よさは、ウケる、ウケないを通り越して、「あそこでいくのかお前は」というところにあったりすると思います。負け戦でも、声だけでも参加する勇気。「あ〜〜〜〜」と叫びながら、武器も持たず、私服でビーサンと声だけで参戦するような。

ひな壇芸人って、男らしさを認める風潮があるような気がします。たとえ無謀でも戦果を挙げれば評価され、だんだん興味を持たれるんです。

ピースの綾部、永野、ザブングルの加藤、有吉。思えば、全員そのあと売れていますね。やっぱり全力でバットを振ったほうがいい。お前はこの監督に合わないと言われたら、違うチームに行けばいいし、独立リーグだってある。サッカーに行ってもいいんです。

22

甘える勇気

あとは、思い切ってMCに甘えることですね。

37歳のとき、年末にギグレットという喫茶店で3日連続でネタ作りをしていたことがありました。その日はキャイ～ンの二人と忘年会の約束をしていたんですが、ウドから電話があって「特番の収録が押してて遅れる」「了解～」なんて言って電話を切ったんですが、ふと気がつきました。

「おいやす、ちょっと待て。年末のこのかき入れ時に、俺たちはなんで3日連続で一緒にランチを美味しく食べて、その後にマスターと楽しくおしゃべりをしているんだ?」と。芸人になって14～5年も経っているのに、自分たちはなんにもできてないんじゃないかと気がついたんです。

正直な話をすると、そこそこ食えてはいたし、そこまでダメだとは思っていませんでした。でも、年末年始の特番なんて人数がとにかく必要なのに、そこに呼ばれないなんて、箸にも棒にも引っかからないということじゃないか。

そこで真剣に話し合いが始まって、自分たちの方針が決まりました。長い長い話し合いの結果生まれたのが、「MCに甘えていこう」という答えでした。

自分たちは15年（ずんは5年目の年末）もやって何も結果を残せてないんですから、だったら、もうMC、共演者の人たちに甘えていこう！　子どもが高いところにあるものを取れなかったら「抱っこ」と言うのと同じ。長い間試行錯誤してきたけど、ようやく結論が出たんです。ギグレットのタコライスを食べ終わる頃に。

そして、MCの言うことにはなんでも返す。何も思いつかなかったら、好きな食べ物でも叫ぼうって。自分たちは14～5年目にしてようやく気づいたんです。タコライスを完食した頃には、甘えようスイッチが入ってました。

その2週間後に、特番の収録でやすがMCと絡んで10秒後に「ホタテ！」と叫んだのが聞こえました。開始10秒で話すことがなくなったのかという驚きと、「そうか、やすはホタテが好きなのか」と気づかされました。……気づいたとて!?　まぁ、ダン

22

甘える勇気

マリで終わらず、大きな一歩です。気持ち的には骨折しましたが。オンエアでは見事にカットされていましたけど、そこからだんだんコンビとしても調子が良くなってきたんじゃないでしょうか。お願いです、そう思わせてください。

グッと前に行けないときは、自分でも場の空気に怯んでいることがわかります。逆に調子がいいときは思いついた瞬間、口に出している。ひと呼吸おいて考えてしまうときはダメということがわかってきました。

自分とは違うところで盛り上がっていると、そこに乗っかるのはそりゃ怯みますよね。飲み会に2軒目から参加する場合に遠慮しちゃうのと同じで、一次会でいろんな話題が終わって、場の空気ができているわけですから。

しかし、たとえスベっても達者な人が自分たちの骨を拾ってくれます。お笑いの世界では、そういった選ばれし「海猿」ならぬ「笑猿」という何でも笑いに変えてくれる人たちがお笑いの安全と平和を守ってくれているのです。笑猿のみなさん、ぺっこり45度。いつもご苦労様です。大変助かっています。

23

先輩方のアドバイス

頭がいい奴は、
売れるという
保証のないものに
人生を賭けられない。

2012年にダウンタウンの松本さん主催のIPPONグランプリに呼んでいただいた時は嬉しかったですね。あそこは芸人にとってのドリームジャンボ宝くじ、当たれば人生変わるチャンスの場です。「初出場のお気持ちはどうですか?」と司会の伊藤アナウンサーに聞かれた時は、緊張の頂点でしたけど、左に千原ジュニアくん、右に小籔千豊くんがいて、自分が何かを言うと、すぐにいいツッコミをくれるんです。それで気持ちが自分なりにノッていけて解答に移れました（OAを観たら、松本さんにさんざんっぱらフォローしてもらっている自分がいました）。

出川さんには、出る番組の相談をさせていただいていて、まぁ、名MCの方々と共演して爆笑を残してきているだけにアドバイスは的確で、「この方は頭の中に構成を組み立ててるから、フラれるまでスタンばっておいた方が良い」「この方はフラれたら、なんでもいいから発すれば笑いに変えてくれるから」「この番組はVTR明けで芸人が一番最後にフラれるから、感想を何パターンか考えて」……。IPPONグランプリ出場が決まった時も、もちろん横浜の老舗海苔屋さんの次男坊の出川さん（通称「隊長」。ちなみにキャイ～ンと自分が呼んでます。やすは「出川さん」とノーマルに大きな声で呼びます）に相談しました。出川さんはお笑いの打撃コーチなんです。

あれはたしか、神宮球場でスワローズ戦を観戦して食事をした帰り道でした。車の中で、「隊長、IPPONグランプリに出ることになったんです」と話したんです。

出川さんは「わぁ～、おめでとう！　やったネ～！　すごいよ～!!」と喜んでくれて、車中は盛り上がり、そして自分の家の近くまで送っていただきました（毎回）。隊長が若手の頃の夢のポルシェ。売れ始めた頃、中古で買って、車検のときけっこうな費用がかかり、累計だと新車のポルシェ2台買えるぐらいかかるのに、「この車だけは一生乗る」と言い続けている伝説のポルシェ（伝説と感じるには個人差あり）を降りる時に、出川隊長に「飯尾くん、IPPONグランプリは芸人人生が変わる番組だよ。松本さんが別室だから、ちょっとさびしいけど、芸人が判定してくれるから安心して今日からの1週間はIPPONグランプリのことだけ考えてもいいんじゃない？飯尾くんなら思いっきりやれば絶対大丈夫だから」と言っていただきました。

車から降りた自分は、出川さんの銀色のポルシェが通りを曲がってウインカーと車が見えなくなるまで、深くお辞儀をしました。

先輩のアドバイスほど大事なものはありません。そして、頭を上げながらふっと思いました。あれ、よく考えてみたら、出川さんってIPPONに出たことないんじゃ

23

先輩方のアドバイス

ないか？　数日後、出川さんに突っ込んだら、「テレビの前で見てて、そう感じたんだよ！　頑張って！」と言われました。さすが!!　隊長!!

その出川さんが言うには、「面白い奴は絶対に売れる」。確かにそうかもしれませんが、自分が面白いと思った人たちが売れないままやめていくことも多かった。

あるとき、さんまさんにそのことを相談したら師匠は言いました。

「飯尾、この世界はそういうものや」

さんまさんが言うには、面白い奴はたいてい頭がいい。たとえば5年お笑いを続けてもなにも変わらない。さらに自分たち目当てのお客さんも増えて、爆笑をとってる。でも、お金は稼げないし、5年前と大して環境が変わらない。頭がいい奴は、売れるという保証のないものに、じゃあもう5年と人生を賭けられない。だからやめていく。本当に賢い奴らは次に行く。で、不思議と、次で上手くいってる奴らが多いだろう。そんな訳のわからないところで続けている俺たちは頭がおかしいんだって。

あるとき、さんまさんの舞台を観に行ったら、村上ショージさん、ジミー大西さん、松尾伴内（まつおばんない）さんとのコントがあまりに面白すぎて、座席から転げ落ちて通路に転げ出たのを覚えています。すると、5人横の座席で同じように通路に転げ落ちて、通路をバンバン叩いて笑っている人がいると思ったら、関根さんだった。これほどまでに観客、しかも同業者を笑わせるさんまさんは、本当にすごい人だと思いました。そして、お笑いをやめていない自分の、少し明るい未来が見えた瞬間でもありました。

あるときは、鶴瓶さんから年末に大阪の生放送に呼んでいただき、楽屋に挨拶に行くと、「お〜、飯尾来たか〜、今日はな、二人でただただ立って喋るだけやぁ」といつもの鶴瓶スマイルで言われて、一瞬「えっ」と思ってたら、本番、本当に二人っきりで鶴瓶さんが自分を転校生を紹介する担任の先生のように「こいつは○○が面白くてなぁ〜」と大阪のお客さんに紹介……いや、もうほとんどおっさん芸人の取り扱い説明書のようにトークを広げていただけるもんだから、ギャグをする度にウケるんです。関西でウケるとなぜか嬉しいもので、よしっと思い、関東に帰って来て同じギャグをやってみると、あらぁ？　反応が薄味ヘルシー。なんでだろうと鶴瓶さんとの番組を見返すと、まぁウケるように丁寧に仕掛けを仕込んでいて、鶴瓶マジック！

今田さん、東野さんも、小藪くんも「こいつは何者？」を面白くする名人だと思いますし、こちらがスベった時の救助がお見事です。スベったと思ってたら、いつの間

23

先輩方のアドバイス

にかウケてる。複雑骨折だと思っていたら、軽〜い軽〜い捻挫で済んでたり……。よっ！　お笑いブラックジャック！

おもしろ企画作りの達人、バッファロー吾郎のA先生とせきしろさん考案のしりとりルールでギャグをしあうライブ「ギャグラリー」は追い込まれながら奇跡のギャグが生まれるありがたいギャグ生産工場です。夏休みの宿題も残り3日前、下手したら1日前にどうにかしようとしていた「24」のジャックバウアー気質の子供でしたから（こちらはほとんど事件解決ならず）ぺっこり45度、助かります。

生産工場といえば、ずんのネタの生産工場は大井町のギグレットという喫茶店です。オープン当初から通い、マスターにはお世話になっていて、ネタに詰まるとカウンター、仕上げは奥のテーブル席と移動するので、マスターにはずんが今どんな状況なのか、ギリギリ靴下だけ履いている丸裸状態です。ご褒美のタコライスを食べながら、現実逃避ネタの「平日の昼間からゴロゴロ〜」は、ギグレットさんで全財産800円の時に生まれました。マスターにぺっこりです。

やすはタカトシに甘える傾向があります。スベってても返してくるやすに、タカトシから「一丁前に返す」と言われてましたね。

24

相方は土足芸人

「おっさん二人が、
なに楽しそうに
肉か魚か悩んでるんだよ」
っていじられます。

２０００年に余り物同士（リンスとリンス……しかもちがう香り）でコンビを組んだずんのデビュー戦となる初舞台を目前にして、飯尾家長男で出席番号は3番以内だった飯尾和樹こと私は、こんな顔をしておきながら、ド緊張していたのです。そんなハムスター並みに小刻みに震えてる……そんなカワイイもんじゃありませんでした。不適切な表現すみません。

とにかく、不安な自分に、やすが「絶対ウケますから。もうボケることだけ考えて楽しんでよ。絶対面白い。大丈夫ですから」と、組む前はひとつ下の後輩だったこともあって、敬語まじりの言葉（シンガポールイングリッシュみたい）で、最後には「俺が全部カバーしますから」と力強い言葉をかけてくれたのです。

なんといっても彼は柔道で九州ベスト8になった実績を持ち、高校・大学もスポーツ推薦で決まった男です。個人競技の柔道を極めただけあって、さすが肝っ玉が据わっているなと、新しい相方をまぶしい気持ちで見つめたものでした。

それに比べ、自分は野球、バレーボールと、自分がミスしてもチームメイトがカバーしてくれるスポーツばかり。小6の少年野球の大会で、自分が先発して勝手に自滅して、負けちゃいけない相手に打たれて（今でもウケなきゃいけないところでスッコ〜

ンってバカ！）、ベンチでしょぼんとしてると、小林の英ちゃんがカッキ～ンと金属バットのＣＭが来るんじゃないかというぐらいの大飛球の逆転スリーベースヒット。三塁上の小林の英ちゃんがメガネを拭きながらニコッと手を振ってくれた姿は今でも鮮明に脳裏に残ってます。救世主だよ、ありがとう。小林の英ちゃん！

そして緊張の初舞台。口火を切ったのはやすでした。

「どうも、どんです」

えっ、「どん？」ずんじゃなく？　と思って左横を見たら、耳たぶまで真っ赤になって下唇が小刻みに震えてる新しい相方がいました。まずいぞ、俺がやんなきゃ、と。でも、そのおかげで開き直れたのかもしれません。

その日の会場は２４６と環七が交差する世田谷区野沢の地下にある小さなライブハウスでした。お笑いを担当するのは自分たちだけ。でも、１００人くらいのお客さんはみんな優しくて、これがウケたんですよね。帰り道はもちろん彼をいじり倒しましたよ。そう、やすは小林の英ちゃんじゃなかったのです。ずんのやすなんです。

相方は土足芸人

そんなスタートでしたが、基本的にやすはハートが強いんです。そして底抜けに明るいし、あの見た目だから、どんなコントでも何かを受ける側にまわってのリアクションに悲壮感がありません。

そして、いじればいじるほど、どんどん面白くなっていく。昔からずっとそうで、彼がまだ別のコンビを組んでいた事務所の後輩だった頃から、お酒の席では自分たち同業者には外せない存在でした。スキがある分、後輩からも好かれて人望があります。

やすはひと言で言うと「土足芸人」なんです。基本的にノックもせずに、人の心に土足で入ってくる。しかも、畳の和室でもドロだらけの畑仕事終わりの長靴で入って来ますョー。コメントもとにかくマイペースです。でも、やすが図々しく入ってくるとき、そう、「ドロ付き長靴モード」のときは、間違いなく面白いんです。

この前、博多華丸くんと飲み歩く番組のロケに行ってきたんですが、やすはトークにすっと入ってくるのが意外と上手で。華丸くんのコメントのあとに、自分のコメントをかぶせるやす。いやぁ、相変わらずトークの縦列駐車、上手いなぁって思わず横で感心したんですが、よく聞くと、ワンターン前に華丸くんが言っていたことそのままなんです。思わずみんなで〝再放送のやす〟（スポーツ中継が中止の場合に急遽流す

3～4年前の2時間ドラマの再放送）と名付けました。そして、トークの縦列駐車のやすの車をよく見てみると、こすった傷が無数にありました……。やすさん、軽く免停です！

やすは食事を目の前にすると、そのことしか考えられなくなってしまいます。トークを振られているのに、水炊きのスープがおいしそうだなと思うと、そっちを優先しちゃって、トークを返す前にまずはスープをずるっと飲んじゃう……。業務連絡、ずんのやす様、プライベート感を出す番組ですが、あくまでもビジネスです。

芸人仲間とゴルフに行った時は、ランチバイキングを食べながら、ジョニ男さんが面白い話をしていたんですが、「これがこれでこれでね」っていざオチの直前で、すっーと席を離れておかわりに向かいました。どうやら地元名産の野菜を使ったけんちん汁がおいしかったらしいんです。

そして、ひとり残されたジョニ男さんは、遠く離れた、けんちん汁をよそうため、ちょっと猫背になったやすの背中にオチをしずかにモスキートボイスでボソッと語ったとさ。しかし、100歩譲っても戻って来たら「ジョニ男さんそれで？」と聞くと思うんですけど、それもなく、ジョニ男さんのオチはやすによって今も千葉の宇宙を

相方は土足芸人

さまよってます。後半のジョニ男さんのスコアが乱れたのは言うまでもありません。こうなったらジョニ男さんの代わりに、ん～オイルショック!!&やすショック!!

まだまだ、食事にまつわるエピソードには事欠きません。

さんまさんが高級焼肉の代名詞ともいえる「叙々苑游玄亭」にキャイ～ン、ずん、イワイガワ、平子悟、森一弥と関根さんの舞台に出ているメンバーをおつかれ会で連れて行ってくれた時は、さんまさんのド正面に座りながらも、ミステリーサークルみたいな薄毛の頭をずっとさんまさんに見せながら、トング片手に肉にしっかり焼き目をつけて（やすはしっかり焼く派なんです……ってどうでもいいですね）ライスにのせ、ニコニコしながらパクッと。

「やすは、ハラミが好きなんやなぁ……ってトークトーク!!」って、さんまさんにそんなツッコミさせる芸人いますか？

「しばらく食うな!!」ってさんまさんに言われたやすを見て、自分たちも大爆笑です。普通にごはんを食べて笑いになる、そんな奴はなかなかいないでしょう。

やすとは若手の頃からずっと仲が良かったと思います。違うコンビだった頃から好きな後輩でしたから。

お笑いの現場に行くと、ほとんどのコンビが別々に座っているんです。その横で自分たちが揃ってお弁当を選んでいると「おっさん二人が、なに楽しそうに肉か魚か悩んでるんだよ」と他事務所の芸人さんたち（中川家や次長課長）からいじられます。

コンビでいるときは、どんな現場に行っても孤独にはなりません。30過ぎて組んで一緒にいるのに、これで仲が悪かったら周囲に迷惑でしょう。

オフはゴルフに行くこともあります。相方とあまり話さないコンビの人たちもいますが、それはずっと一緒にいたからじゃないかなと思うんです。

たとえば、とんねるずさんも高校からの出会いで、ダウンタウンさんは小学校からずっと一緒で、ウンナンさんも18歳のときの映画学校からで、気心知れていて、すぐに売れてバンバン仕事が入って、あれだけ長い時間ずっと一緒にいたら、楽屋を別にして本番で新鮮に……というよりも打ち合わせもいらないんでしょう、あのファーストクラスは！　でも、自分たちは結成も遅いし、仕事もなかったから、というよりも、楽屋でアイドリングが必要な軽トラックですから。

一人仕事のときは、スタジオにはＭＣをはじめ、共演者の人たちがツッコんでくれ

相方は土足芸人

たりフォローしてくれますけど、いざ自分一人となると何もできないですから。マネージャーに「飯尾さん、客前で20分一人でやる漫談のオファー来ましたけど」って言われたらすぐに断りますけど、やすならハートの強さだけで乗り越えちゃいそうな気がしますね。

やすは九州の宮崎出身で、多感な頃にたけしさんのオールナイトニッポンを聞いて、たけしさんのマシンガントークに憧れて上京した男です。でも、柔道で大学進学を機にお笑いをやるぞと思ったら、大学が千葉県の勝浦にあり、東京を飛び越えたんです。しかも、やすは毒舌があまり得意ではないから、毒舌じゃなくて、毒で終わってしまうこともある。毒で終わったら、ただの悪口だよ、やす!! 人は自分にはないものに憧れを抱くんですね……。自分も30歳の頃には自分の番組を持ってなんて思いながら、この世界に入って来たもんなぁ〜。あ、俺たちリンスとリンスだった! せめてコンディショナー目指すか……なぁ、やす!!

25

このお金は受け取れない

140円のチップを拒否されたことがありますか？

自分はあまり贅沢はしないほうですし、今乗っている車も番組の賞品でもらった国産車です。2016年末に、ゲッターズ飯田さんなど5人の占い師が「2017年にもっとも幸運な芸能人」を決めるという番組があり、なんと500人のなかから1位に選ばれたことがありました。その時の賞品としてもらったのが今の愛車です。

といっても、免許を持ってないので悩んだのですが、ゲッターズさんが「こういうのは縁起物なので、もらったほうがいいですよ」というのでありがたく、優勝したプロゴルファー気分でいただきました。

もらったはいいものの、カーステもナビも何もついてなくて、結局、乗るまでにいろいろな経費やらで70万円かかってしまいました。あとから聞いたら、景気がいい時代は賞品を換金できたんだとか……。

でも、翌年2017年は、ドラマ『アンナチュラル』とか三谷幸喜さんの舞台とか、違うジャンルから話が来たり、たしかにこれまでにないいろんなお仕事の話をもらったような気もします。

ドラマも、撮影の途中から参加すると、共演者が「今日はどこからですか?」「あっ、仙台です」「今パンの話してたんですよ。飯尾さんは何パンが好きですか?」なんて盛り上がりにスーッと入れてくれて、20～30分盛り上がってると、スタッフさんから「お願いしま～す」。そして10分後には、シビアなシーンを撮影。そんな中、自分はまだパンの盛り上がったトークの余韻顔で、プロってすごいなぁ～。そんな自分を選ぶなんて脚本家の方も監督も頭おかしいなぁ～、と緑山スタジオで井浦新(いうらあらた)さんの差し入れのカツサンドをほおばりながら思ってました……。オイオイ、カツサンド食べるほどの仕事してないだろう……。そんな声には居留守を使わせていただきます……。

三谷さんにもいろいろと刺激をもらいました。焦って早口になり、しかも滑舌が悪く、「飯尾さん、ご自身でもビックリするぐらいゆっくりしゃべってください。もう、スポーツの判定確認のスーパースローのように」。滑舌は良い方じゃないけど、そんなにか～。

そして三谷さんは……まぁ、ちゃめっけと言いましょうか、「飯尾さん、〇〇さん元気がないような気がするんで、このクリームパンを持っていって笑顔にしてきてください……」「三谷さんが行ったほうが説得力ありますから」「クリームパンもうひとつつけますから」「いいんですか、ふたつも……って数の問題じゃ……！」と今思えば現場で、自分が浮かないようにしてくれたのだと思います。みなさんプロフェッシ

25

このお金は受け取れない

ョナルでした。……だから現場にいるんだョ！

自分はビンゴ大会が昔から苦手で、何が嫌かって、当たったときに何かひと言を言わなきゃいけないのが苦痛だったんです。いっそスルーしたほうがいいのかなと思ったりもして。だったら、やってるフリで参加しなきゃいいんだ！　今思いつきました（日曜の午後6時半）。

実は、景品がかかった大会は、頑張っている若手スタッフさんに当たってほしいとみんな思っていると思うんです。タモリさんなんかは、本当に高価な賞品を賭けた大会は「ここから参加できるのは、年収300万円以下だけ！」と笑いを取りつつ、スマートに仕切っていらっしゃいました。おそらくADさんたちに賞品をあげたかったんだと思うんです。粋だな〜、タモさん！と思った冬。

ダウンタウンの浜田さんは、ロケバスのドライバーさんにきちんと挨拶をするそうです。「おはようございます。今日一日よろしくお願いします」とわざわざ運転席の近くまで行って声をかけるのだとか。スタッフの間では有名らしく、それを聞いてから、自分も浜田文化を取り入れたんですが、いざ行こうと思ったら弁当の段ボールがいっぱいでなかなか行けなかったりして。あ〜、スマートにいかない人生だ。

つい先日もカレーうどんをあんなに服にハネないよう、最大限に気をつけて食べたのに、背中にカレー星が三つ輝いていました。あの、後ろで気持ち良くすすってたおっちゃんかな……。


まぁ〜、一線級の芸人さんたちの、人の目をキラキラさせる力ってすごいですね。スタジオ、ロケでもその人たちが登場するだけで、相手を無邪気にさせるというか。そういう人たちは芸能界じゃなくても活躍していたでしょう。会社に入ったら何か光を見出して出世していたでしょう。ひょっとしたら、30代半ばで起業するんですかね。

自分は会社に入っていたら、意地でも定時で帰りたいから、朝はちゃんと出社したでしょう。ランチはおそば屋さんのカツ丼セットやラーメン半チャンセット。でも理想は、チャーハン半ラーメン餃子一人前、ハンバーグ、しょうが焼き、Aランチ、Bランチとローテーション。フルに昼休みを使い、家に帰ったら自炊して、カレーが多いでしょう。カツカレーでも食いながら野球を見たり、あるいはたまには同僚と飲みにいったり。同僚の残業が終わるまで、近くの喫茶店でケーキセットを頼んで、テーブルに届くと同時に「今終わったから行こう」なんて連絡が入り、慌てて食べてアイ

25

このお金は受け取れない

スコーヒーを一気飲みして、一杯目のビールの味がコーヒー混じりで……書いてて思ったんですが、こういう生活、自分には合ってるな〜と思った、日曜の午後7時4分。

事務所の中でも中堅と呼ばれる年齢になってくると、だんだん後輩にお年玉をあげる立場になるわけですが、自分が初めて後輩にお年玉をあげたのが意外と早く、25歳の頃でした。

年末の生番組で芸能人ソフトボール大会があって、自分がたまたま柵越えのホームランを打って、現金で5万円もらいました。5万円は大金です。やった、やった！と喜び勇んでスッキプしながら帰宅すると、我が家に居候していたやすと後輩3人が放送を見ていたらしく、朝方6時にもかかわらず、全員が起きて待っていました。

「おかえりなさい！」

玄関を開ける自分をニコニコと見つめる8の瞳。結局、一人1万円ずつ配りましたが、お祭り騒ぎでしたネ〜。

そして、芸人の性なのか、ちょっとまとまったお金が入ったときは、みんなで使っちゃおうってなります。先輩たちはそうやって自分たちを可愛がってくれましたから。

ちなみに、賞金は事務所がマージンを取りません。この前のオールスター感謝祭でも2400円を稼ぎました。

若い頃、先輩のいいところはどんどん吸収したいと思っていましたが、タクシーに乗って「おつりは結構です」って、小堺さんの真似をさっそくしてみました。個人タクシーの60代半ばの運転手さんで、代金が860円くらいですかね。やすと千円札一枚を出し、「近くてすみません。おつりは結構です」と言うと、ちょっと間があって運転手さんが、「君たちからはまだ受け取れないよ。大事にしなさい」と言われ、思わずやすと「あっ、すみません」とおつりの140円を受け取り、タクシーを降りて棒立ち……。

まだって、38歳の春……。いろいろな人たちを乗せてきたベテラン運転手さんは、「まだ早い！」と感じたんでしょう。運転手さん……さすがです。その月、飯尾は給料を前借りしたのでした。あの140円でコロッケふたつ買えました！

26

いろんな芸人のタイプ

酔っ払って
新橋ではしゃいでいる
おっさんと同じってことですよね。

ある役者さんのインタビューを読んでビックリしたことがあります。台本を読み込むのはもちろん、完全にその人になって撮影に臨むんだそうです。だから、オフの時でも役が抜けないらしくて、このシーンではこういうことを言う人間だ。ということは、こんな行動はしないだろう……、と自然に考えるようになるんですって。

この主人公はどうやって育ってきたんだろう。この人がラーメン屋に入ったら、味噌ラーメンを食べるんじゃないか、そこまでイメージするそうです。自分は北海道出身なのか……が精一杯なのに。醤油ラーメンが好きな人と味噌ラーメンが好きな人の違いがわからないし、どっちもおいしいじゃないかって思ってしまうんです。ちなみに、チャーシューメンのタマゴのせがたまらなく好きです……。勇気あるCMのキャスティング、お待ちしております。

台本を読んだとき、この人は短気な人、気長な人、怖い人、優しい人、それくらいの違いはわかります。ジャンクフードみたいな分け方ですよね。チーズバーガーかノーマルか、フィッシュバーガーかホットドッグか。甘いかしょっぱいか、炭酸か炭酸じゃないか、コーヒーも加糖か無糖か？　あ、でも、それは飲まないとわからないな。

自分が芝居をすると、どんな役柄を演じても、最後は「飯尾和樹」になっていると

26

いろんな芸人のタイプ

言われたことがあります。明るい飯尾和樹、暗い飯尾和樹、寝起きの飯尾和樹……。「飯尾さんらしくいこう」って監督に言われて、緊迫したシーンでも冗談を入れていたら、「飯尾さん！　そろそろ真面目に！」って注意されたこともありました。

自分らしくいこうという気持ちが強すぎたんでしょうけど、映画、ドラマ、CMでも、あれ、演技なんだよなぁ～と観終わったときに思わせる俳優さんってのはすごいよなぁ～と思います。タクシーで見るCMの松重豊さんにも、タクシーを降りたあと、ふっと思うことがありました。

人生経験を積んだいい役者さんがたくさんいます。若い頃は売れなくても、年を重ねて味が出て、渋くていいなぁと思う役者さんになったりしますよね。

くりぃむしちゅー、有吉、千鳥なんかも、実力からしたら遅咲きですよね。永野くん、イワイガワなんかもそうかな。30歳を過ぎてようやく食えるようになりましたが、自分たちなんかは実力のわりには早咲きだと思っています。……まだ三分咲きだろ！

永野くんは昔から芸人からの評価がとにかく高かったんです。ブレイクする芸人は「舞台袖に芸人が集まり、2年後にスタッフが気づいて、5年後に売れる」と言われているんですが、永野くんの舞台袖はいつも芸人でいっぱいでした。鶴瓶師匠の年末特番で、1分間の若手ネタコーナーで永野くんが出た時にさすがは師匠、あのトーンで「なんや、おまえ目が良いおもろいやっちゃな〜。もっとテレビに出ろや〜」と。永野くんは「自分じゃ決められないんで……」。そして、やはり売れていった。イワイガワも関根さんがすぐ目を付けました。「面白い。誰ともカブってない」。そしてコンビあるあるで、まずはジョニ男さんが、そして井川も着々と。Laおかきのときは、袖でいつもホリケンが見てくれていました。いつまでたってもホリケンの笑い声しか聞こえなかったけど、あれは嬉しかったなぁ。

先日、北海道の仕事で一緒になったアンガールズの山根くんが、自分たちのステージを体育座りでずっと見てくれました。ネタが終わって楽屋に戻る自分たちを捕まえて彼はこう言ったんです。「ずんさんを研究してわかったことがあったんです！」「なになに、山根教授！　なんなの？」と聞いたら、「飯尾さんとやすさんの二人は一緒にいると、とにかく楽しそうですね！」と。……つまり、酔っ払って新橋ではしゃいでいるおっさんと同じじってことですよね。毎年9月に3日間開催される、吉本新喜劇

26

いろんな芸人のタイプ

の座長・小籔くん主催の音楽フェス、コヤブソニック2019で、袖で見ててくれた中川家の二人にも「新橋の給料日にはしゃいでるおっさん」と評されました。給料日だから新橋の居酒屋で飲んで、SL広場の前でテレビカメラに捕まって、「頑張れヤクルト！」って叫んでいるおじさんと重なって見えたんでしょう。

自分も舞台袖でネタを見るのが好きです。野性爆弾、ロバート、アンガールズ……。地方のイベントに行くと、すぐ舞台袖に行ってしまいます。フライングして笑ってネタの邪魔しちゃったこともありましたけど、面白い芸人を近くで見たいんです。

神奈月さんは本当に面白いですね。たしか、銀行に勤めている家族招待お笑いイベントのホテルの広い会場で、1000人のおじいちゃん、おばあちゃんから小さな子どもまでビッシリの中、一番後方から武藤敬司で登場。会場をグルグル回ってステージに上がったと思ったら「次は、変な外人が出て来ま～す」と一旦はけて、クイーンのフレディ・マーキュリーで登場。もちろん、袖の同業者は大爆笑。そして会場も揺れるぐらい大爆笑。技術はもちろんすごいんですけど、やっぱり本気度がすごいですね。そしてイジリーさん、原口くんも突き抜けてますね（飯尾個人の意見です）。

以前、関根さんもレギュラーだった、ビートたけしさんと所ジョージさんの番組のゴルフコンペに人数合わせで参加させていただいたことがありました。打ち上げパーティの成績発表で、相方のやすにもマイクがまわってきたのですが、憧れのたけしさんの前で緊張のあまりマイクを持つ手が震え、「じ、じ、自分は、さ、さ、参加できて〜」と上がりまくって。そんなやすに、関根さんがやすの得意な篠原信一（しのはらしんいち）さんのモノマネをふってくれて、やすの一発逆転。

それが、たけしさん、所さんにウケて、帰りに御挨拶すると、たけしさんが「今度、お笑いのネタ番組をやるから二人のネタを送ってくれ」と。こちらは、二つ返事で「ありがとうございます！」。早速ＤＶＤを送ったら、直ぐにオファーが来ました（Ａｍａｚｏｎよりも早く）。当日も挨拶させていただいた時に「気楽にな」と、股間に白鳥を付けた外を歩けない格好で。生意気を言うようですけど、粋というか……。もちろん本番は上がりまくりました。そしてピンチに関根さん、ありがとうございました（ずん一同）。

27

お笑い探訪

自分はおそらく2〜3メートルで答えを出しているんじゃないでしょうか。

浅井企画の仲のいい芸人たちと忘年会に行くと、宴会で盛り上がります。湯河原の温泉に行ったときは、バッファロー吾郎のA先生、藤井隆くんも来てくれました。

宴会では大広間に布団を敷いて「浅井新喜劇」をやります。その年のテーマは、サバンナの様子をドキュメンタリー風に描く「野生の王国」で、自分が解説をして、やすが雄のクマ、ジョニ男さんは死に場所を求めたライオンを演じました。

「世代交代に敗れたライオンのジョニーは群れを離れていきます……ジョニーはやがてクマに出会います……クマと出会い群れのリーダーとして君臨していた頃の誇りを思い出した老ライオン……クマに果敢に戦いを挑みます……しかし、寄る年波には勝てず、クマにやられ大けがを負います……目を覚ましたジョニーはクマに介抱されていることに気がつきました……」

舞台上で繰り広げられるジョニ男さんとやすの絡みを見て、他の事務所の人たちはポカンとしてましたね。バッファロー吾郎A先生なんかは「な、なんなんですかこれ！」と驚いていました。そして、3人で一礼をして「20分に1回笑える、これが浅井新喜劇なんです」と言いはると、「すばらしい……けど、関根さん、小堺さんに謝れ〜」と、謝罪会見コントになっていった、笑った湯河原の夜。

27

お笑い探訪

松本さんの番組『ドキュメンタル』に出ると、出演者が自分のボケについてコメントをしてくれます。これが自分の特徴もわかったりして、とても貴重な機会なんです。自分の芸を表立って芸人に評価されることって滅多にありませんから。

ガチで評価をし合うことはほとんどありませんけど、芸人同士で褒め合うことはよくあります。野性爆弾のくっきー！とハリウッドザコシショウと番組に出た時は、くっきー！が「アホ3人で飲みに行きませんか」と誘ってくれて、その日はとにかく互いに褒め合いましたね。

「相変わらずブレてないな～」なんて言い合い、時には「いるだけで、息をしているだけで面白いョ」と無理矢理褒め合って。最初は1時間と思っていたのに、気がついたら3時間が経っていました。大男と、テンガロンハットと、公務員のせがれ顔の3人で焼き鳥屋でひたすら褒め合う。他の客は気持ち悪かったんじゃないかな。でも、とても楽しかったし、もしかして、自分はこのままでいいのかなって思ったんです。

笑いに対して哲学を持っている人がいます。この前、藤井くんと飲んでいたんですが、彼の話を聞いていて凄いなぁと思っちゃいました。お笑いについて、本当に深く考えているんです。お笑いで売れ続けている人は、みんな深く深く仕事のことを考えていると感じます。ウドだって見かけによらず深いことを考えている。「そこまで考えるんだ！」って感心したこともあります。

みなさんが200メートルくらいの深さまで掘っているとしたら、自分はおそらく2～3メートルで答えを出しているんじゃないでしょうか。関東ローム層まで届いてないし、そこらじゅうのアスファルトを掘り返したくらいでしょうか。

永遠の高2の異名を持つ関根勤さんには、前のコンビ「Laおかき」の時に関根さんの収録現場にお邪魔して、1本目と2本目の間の貴重な休憩時間を使っていただき、ネタを見てもらっていました。アドバイスは凄くわかりやすく、「この部分、面白いから伝わるように一回フリで○○を入れてみない？　ここが面白いから、もう一つ○○を足せるね」と。

そして本番、ウケます。もし、苦手な物理の先生が関根さんだったら、赤点を取らずにいられたかもしれません。いや、物理にハマって「NASA」に勤務していたか

27

お笑い探訪

も……。そのくらい、お笑い学部の関根教授の授業は、楽しさと一流の発想の凄さを感じさせてもらうと同時に、「こんなに凄くないと仕事が来ないんだ」とゾッとする時間でもありました。

それは、今でも毎年夏に公演する関根さんが座長の「カンコンキンシアター」コントの舞台の稽古でもかまってもらい、関根さんのコントや結成メンバーで、これまた天才的なラッキィ池田さんとのコントリハを見て、キャイ〜ン、中村嘉夫(なかむらよしお)、やす、イワイガワ、平子悟、森一弥とゲラゲラ笑いながら、関根さんの凄さと、気取った言い方をすると「夏の訪れ」を感じてます。……ダサっ！

そしてその後、関根さんに食事に連れて行ってもらい、イタリアンに行けば「いやぁ〜、このピザ美味いなぁ〜。こんな美味いもの食べてたら、イタリアの男は陽気でスケベになるよなぁ〜」。中華に行けば「美味いなぁ〜、さすが火薬を発明できるはずだよなぁ〜」。寿司や和食に行けば「美味い！　火星人に生まれたら、食べれなかったなぁ〜」と、一流の食レポを生で聞けてゲラゲラ笑ってしまいます。

ゴルフに行って珍しく短気なキャディさんに当たったとき、笑顔で「飯尾〜、あのキャディさん、料理の味付け濃そうだなぁ〜」と、塩分過多でイライラしてる可能性を指摘してきたときは、千葉の秋晴れの空の下で膝から崩れ落ちて笑った15番ホール。海外の人気モデルが平気で2時間遅れてくる雑誌の記事を読んだ後も、「人より首や手足が長いってだけで人を待たせて良いんなら、キリンさんは永遠に来やしませんよ……なぁ、飯尾」と、これまたニッコリと笑顔で言われて笑い転げた春。もう天才です。

その天才の娘さん、麻里（まり）ちゃんも父親譲りのお笑い好きで、学生時代からお客さんが10人くらいのお笑いライブを観に行っては、関根さんに「○○ってコンビ知ってる？　面白いから観に行こう」と誘っては、観に行ってたみたいです。そしてお笑いアンテナも鋭く、相方のやすをいじってはゲラゲラ笑ってます。

そんな関根さんと小堺一機さんのコントやトークは果てしなく、馬鹿馬鹿しくて面白いです（中2の放課後とも呼ばれている）。小堺さんも若手の頃、番組の前説をやっていて直ぐにクビになったそうです。理由は「小堺さんの前説が面白すぎて、肝心の本番がウケない」とプロデューサーから連絡が入ったそうです……。ここにも天才が。

小堺さんも飲みに連れていっていただいた時に、こんな自分たちを笑ってくれます。結局、20代の頃は暇で「どうなんだぁ～、俺たち」と猫背になってる時に、身近にいてくれた関根さん、小堺さん、キャイ～ンや後輩たちが笑ってくれたから、憧れの人たちに会えたり、こうやって生意気に本を出せたりできていると思います。

でなきゃ、リンスとリンスが……。あ～、これからもロケもスタジオにブン投げ、スタジオにいても、共演者の皆さんに丸投げしかできないですし、こうなったらこの先も、どのみちぺっこり深々88度、人に甘えていくしかないです。……おいっ、やす聞いてるか？

飯尾和樹●いいおかずき

お笑い芸人。1968年12月22日、東京都生まれ。1990年、浅井企画に所属。お笑いコンビ「チャマーず」「Laおかき」を経て、2000年にやすと「ずん」を結成し、ボケを担当。現在では、「さんまのお笑い向上委員会」（フジテレビ）や「マツコ＆有吉　かりそめ天国」（テレビ朝日）など多数のバラエティ番組に出演するほか、ドラマや映画へと活躍の場を広げている。主な出演作品には、ドラマ「アンナチュラル」（TBS）や「獣になれない私たち」（日本テレビ）がある。

どのみちぺっこり

2019年12月22日　第1刷

著者　飯尾和樹

撮影・編集協力　キンマサタカ（パンダ舎）
デザイン　若井夏澄（tri）
ヘアメイク　大の木ひで
スタイリング　繁田美千穂
校正　聚珍社
協力　株式会社浅井企画

発行人　井上 肇
編集　熊谷由香理
発行所　株式会社パルコ　エンタテインメント事業部
〒150-0042　東京都渋谷区宇田川町15-1
電話　03-3477-5755

印刷・製本　株式会社加藤文明社

ISBN978-4-86506-323-3　C0095